THIS COLORING BOOK BELONGS TO:

____

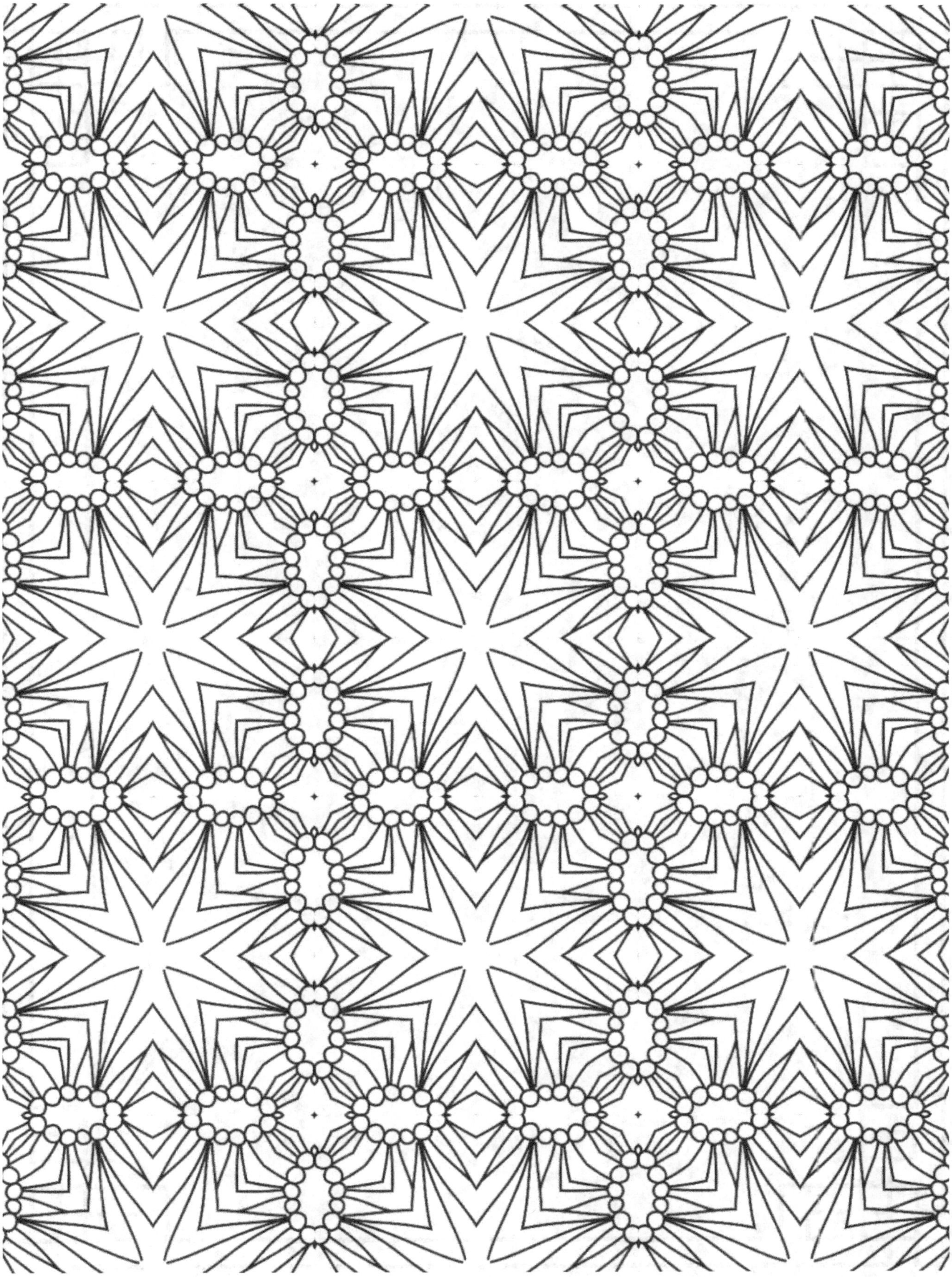

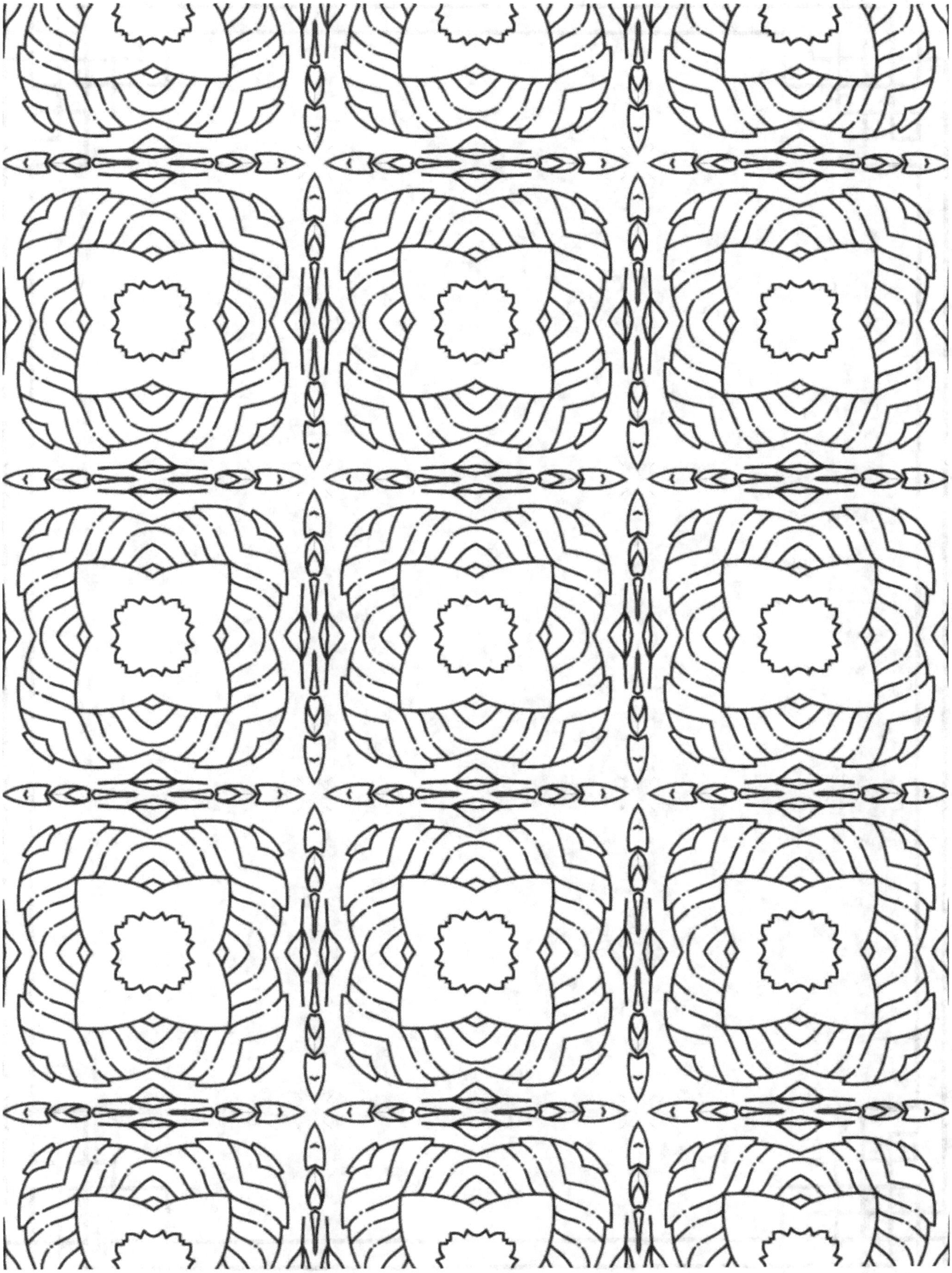

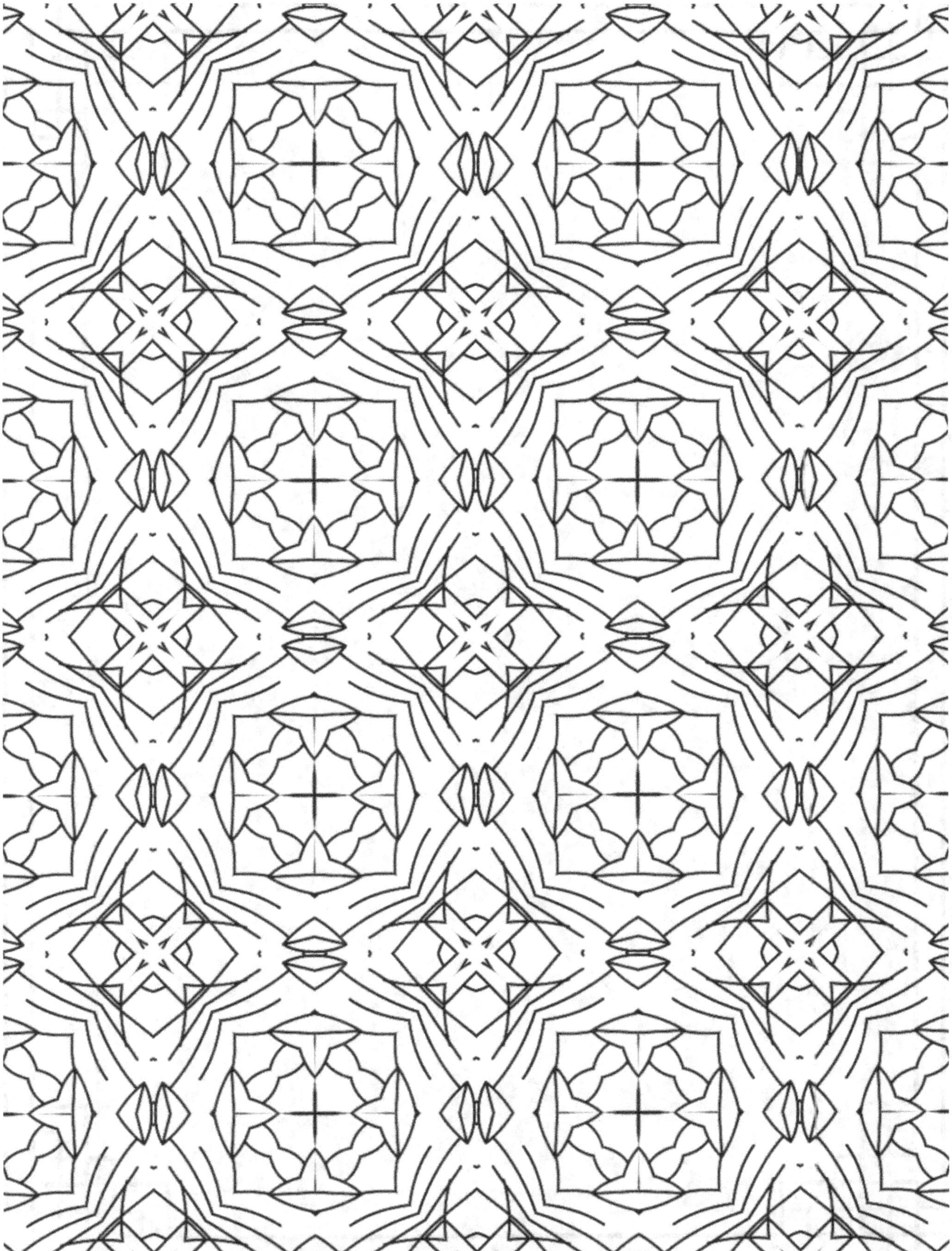

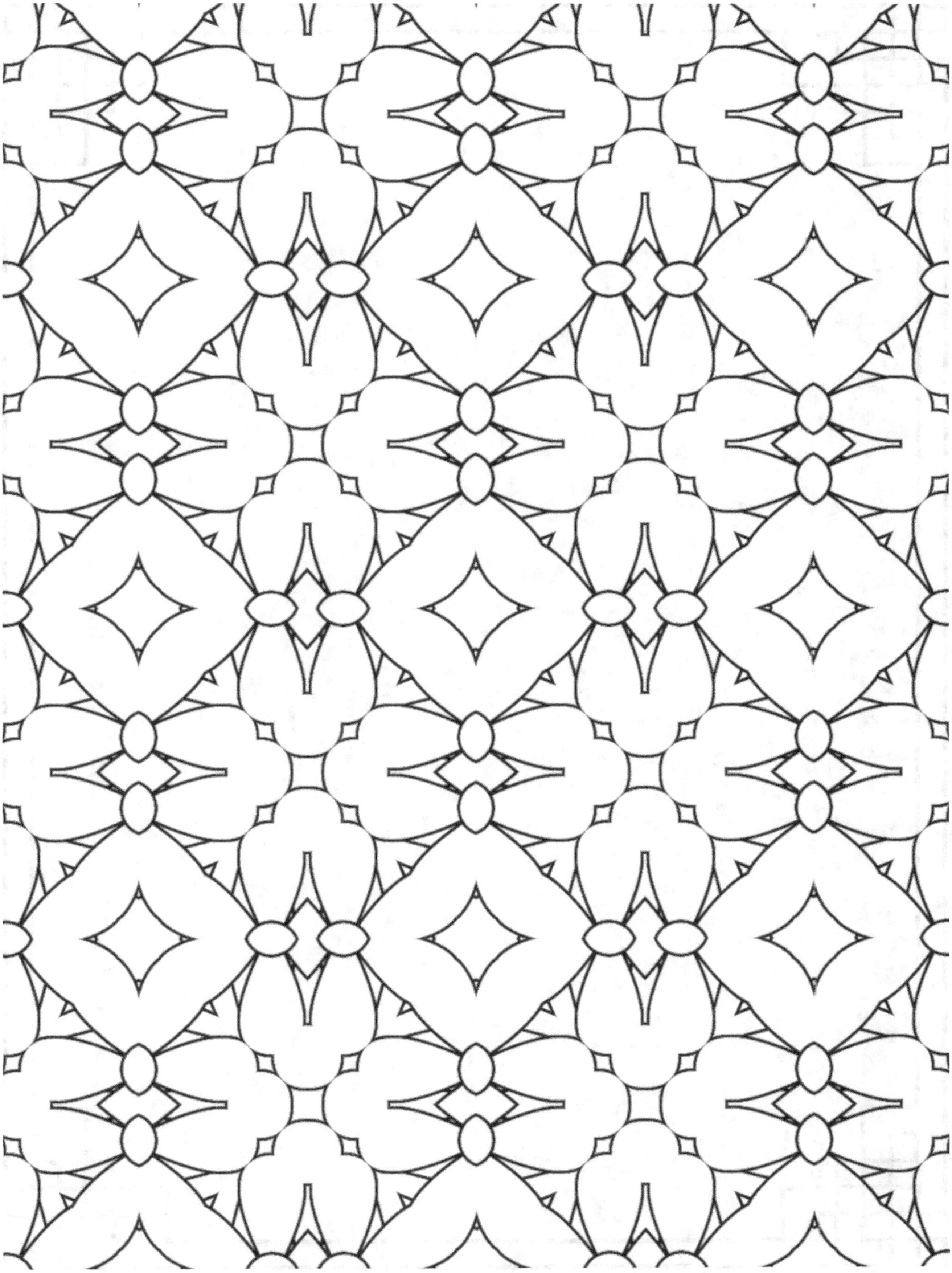

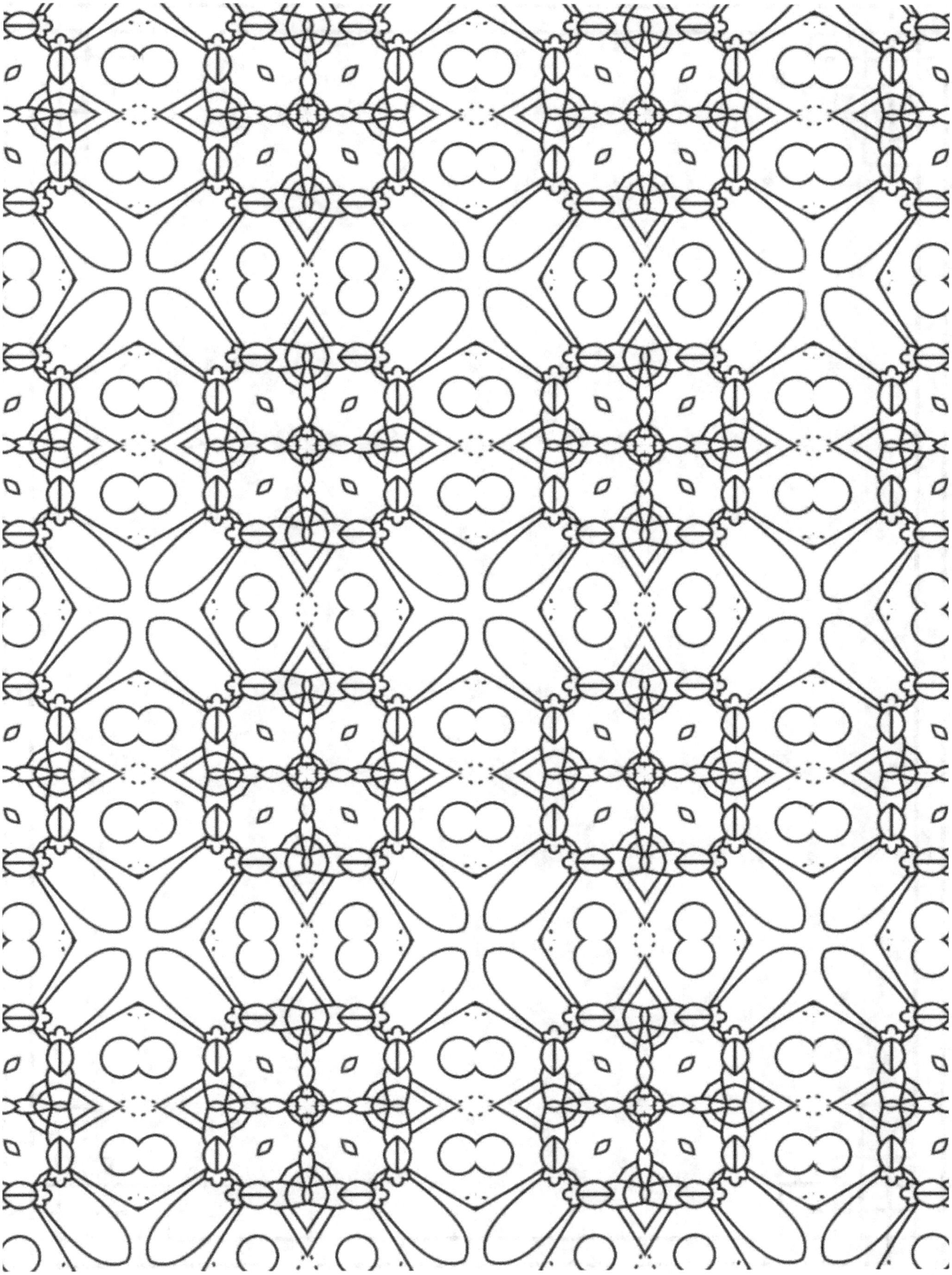

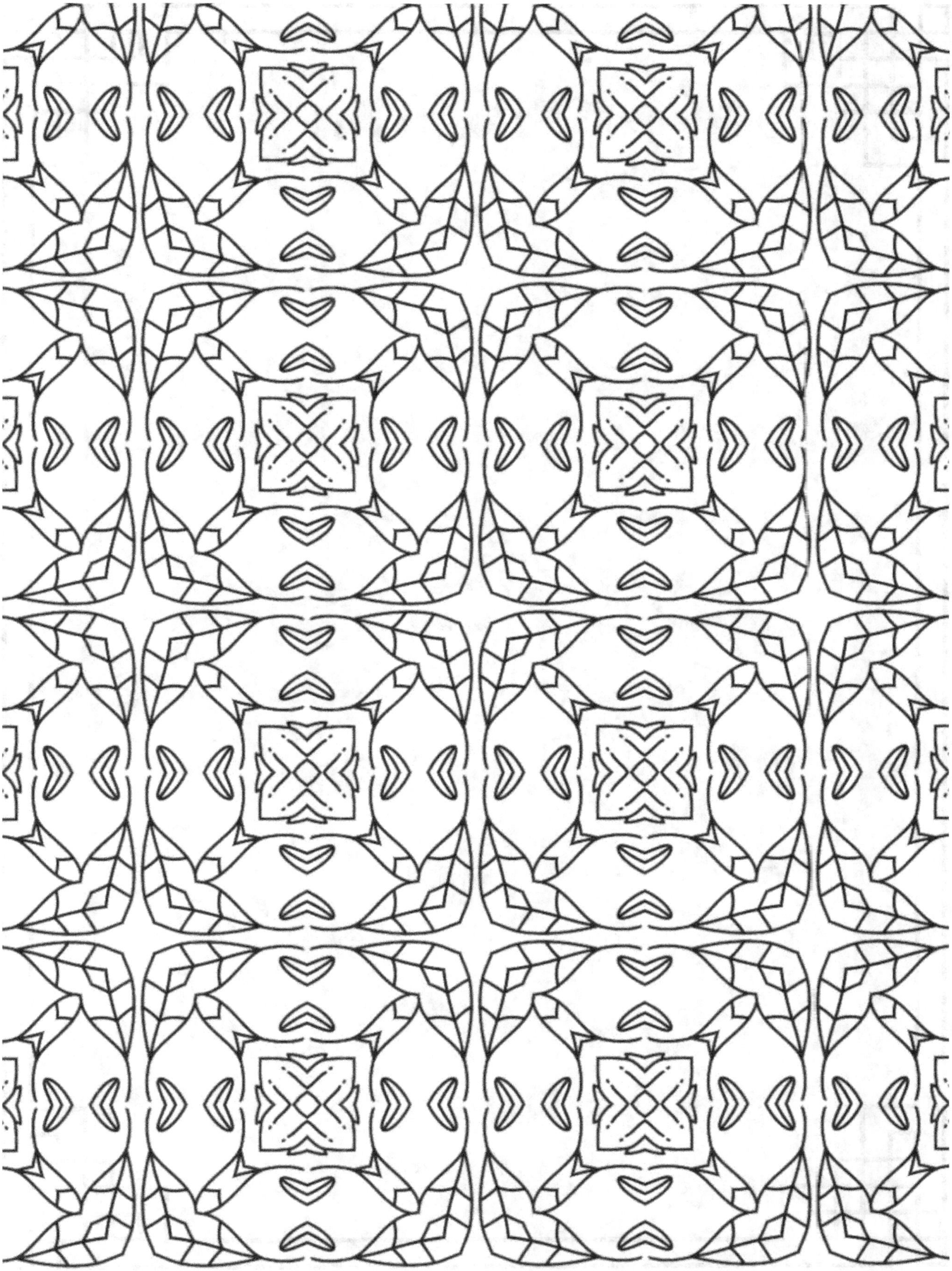

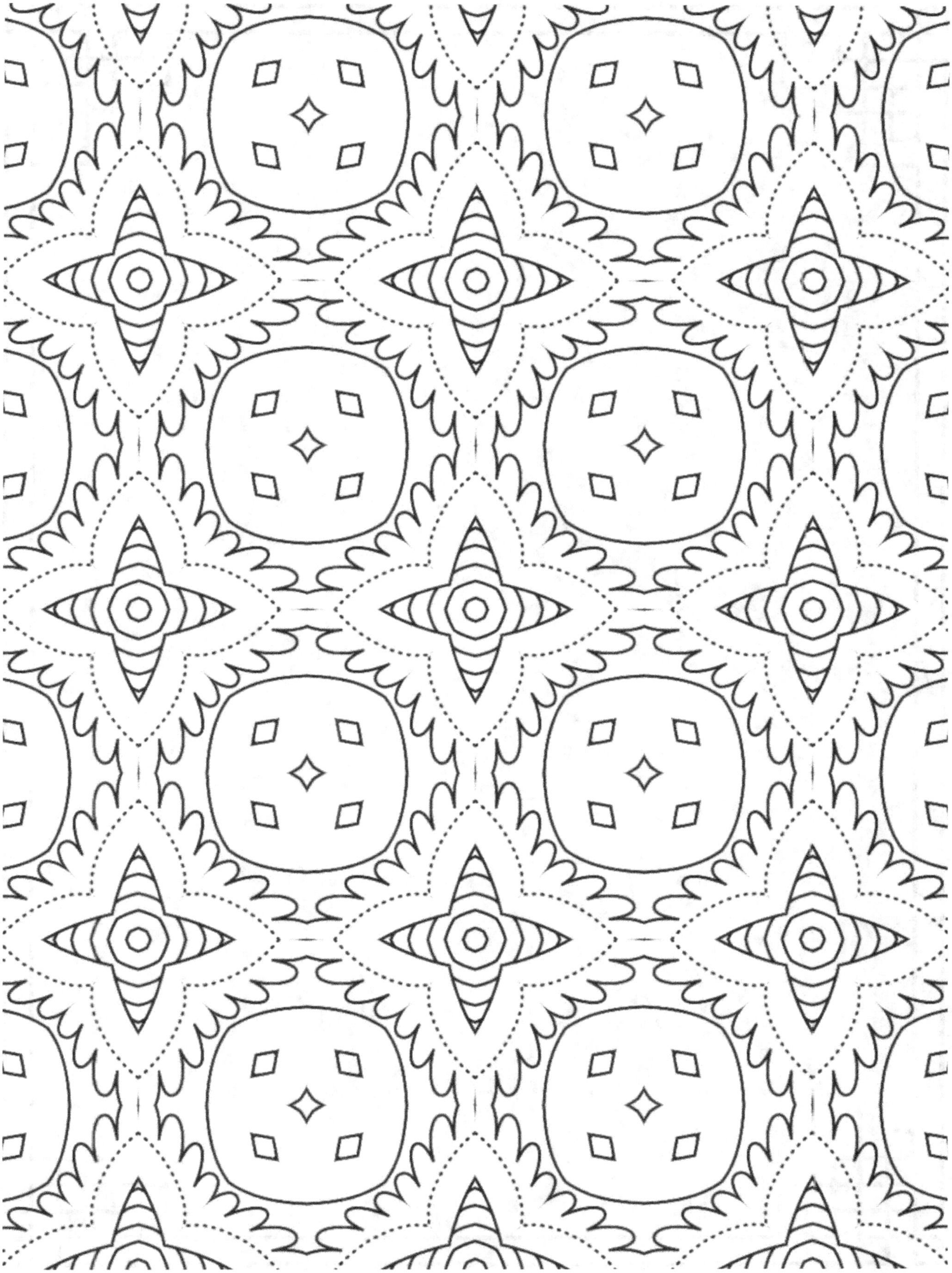

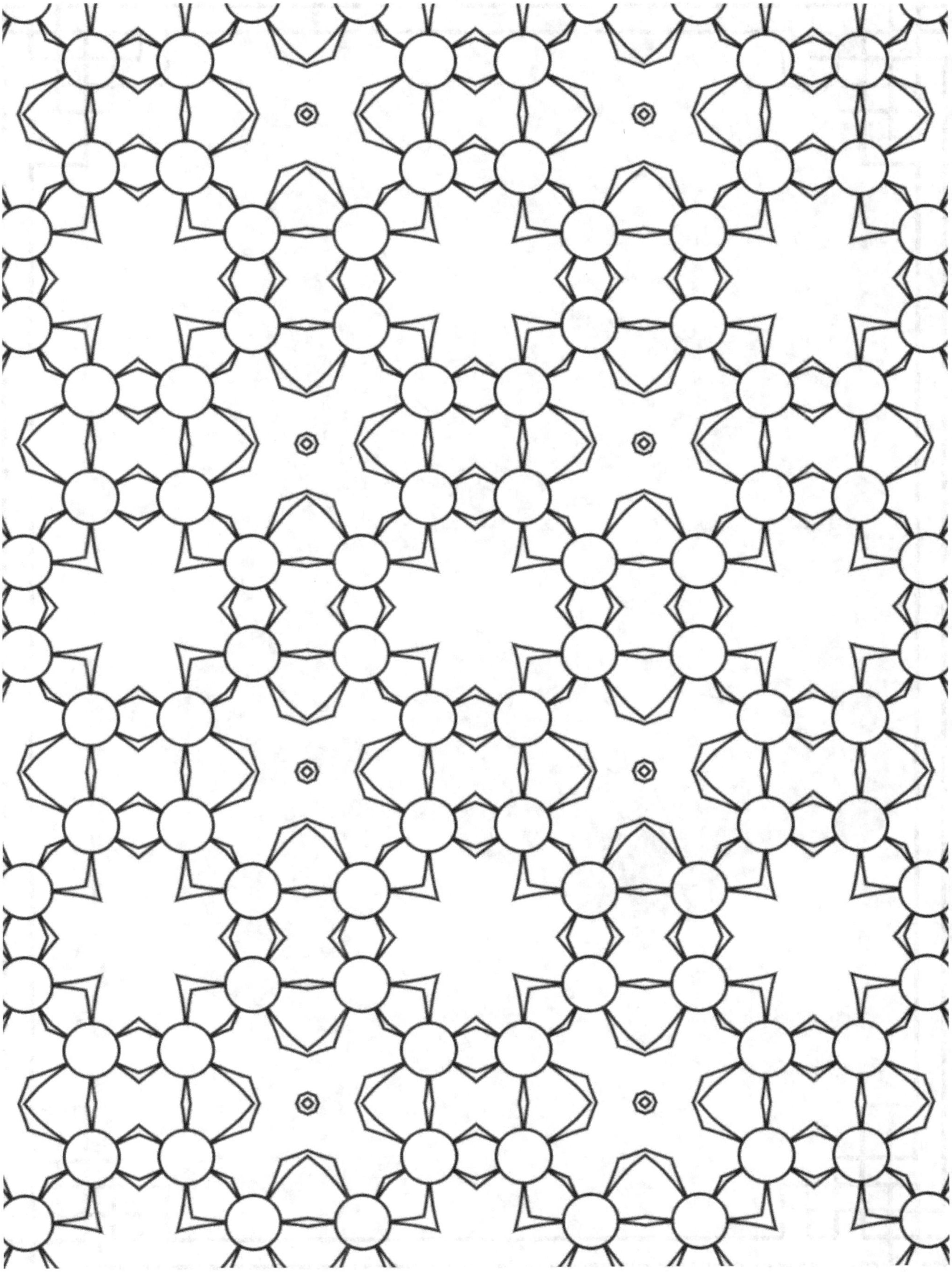

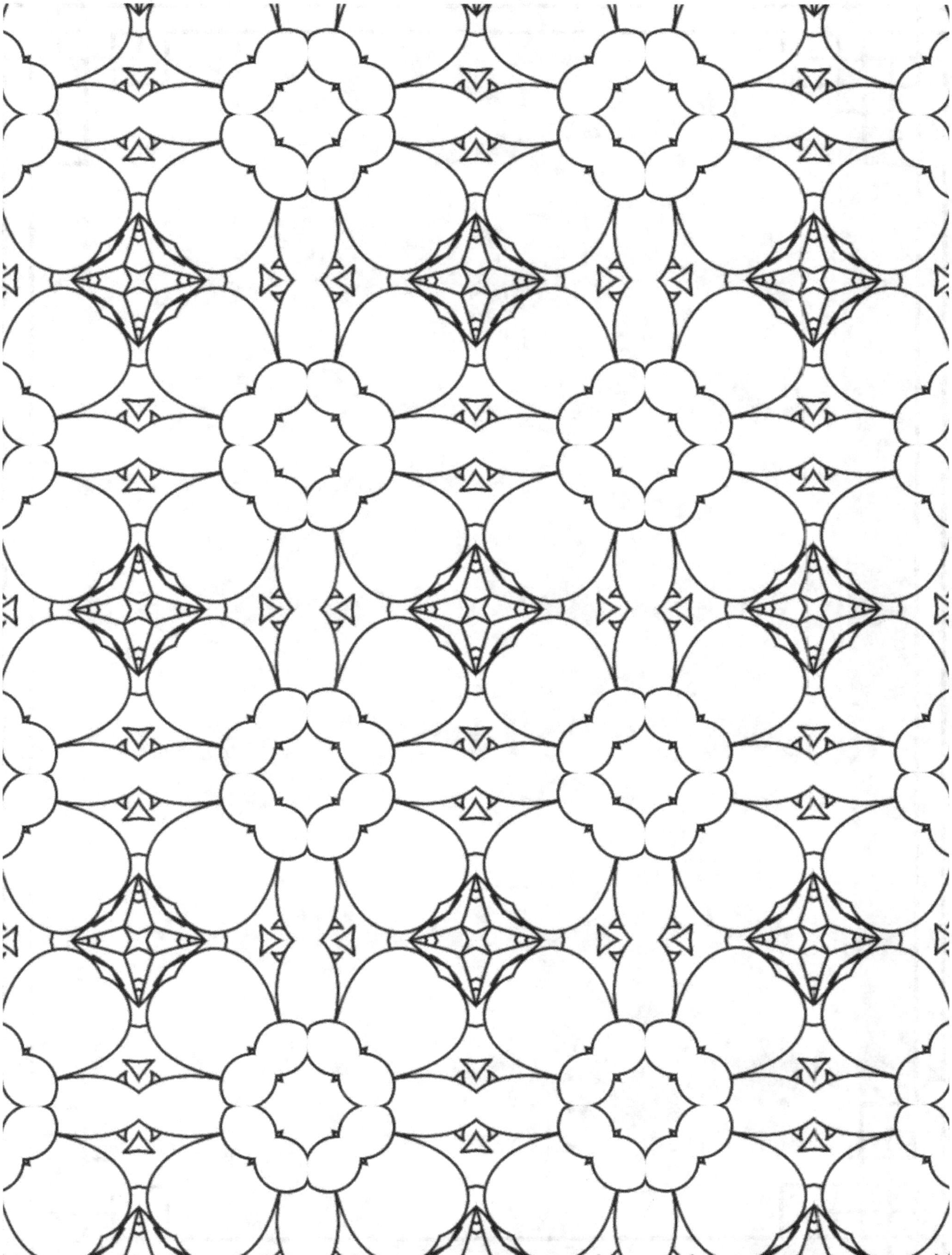

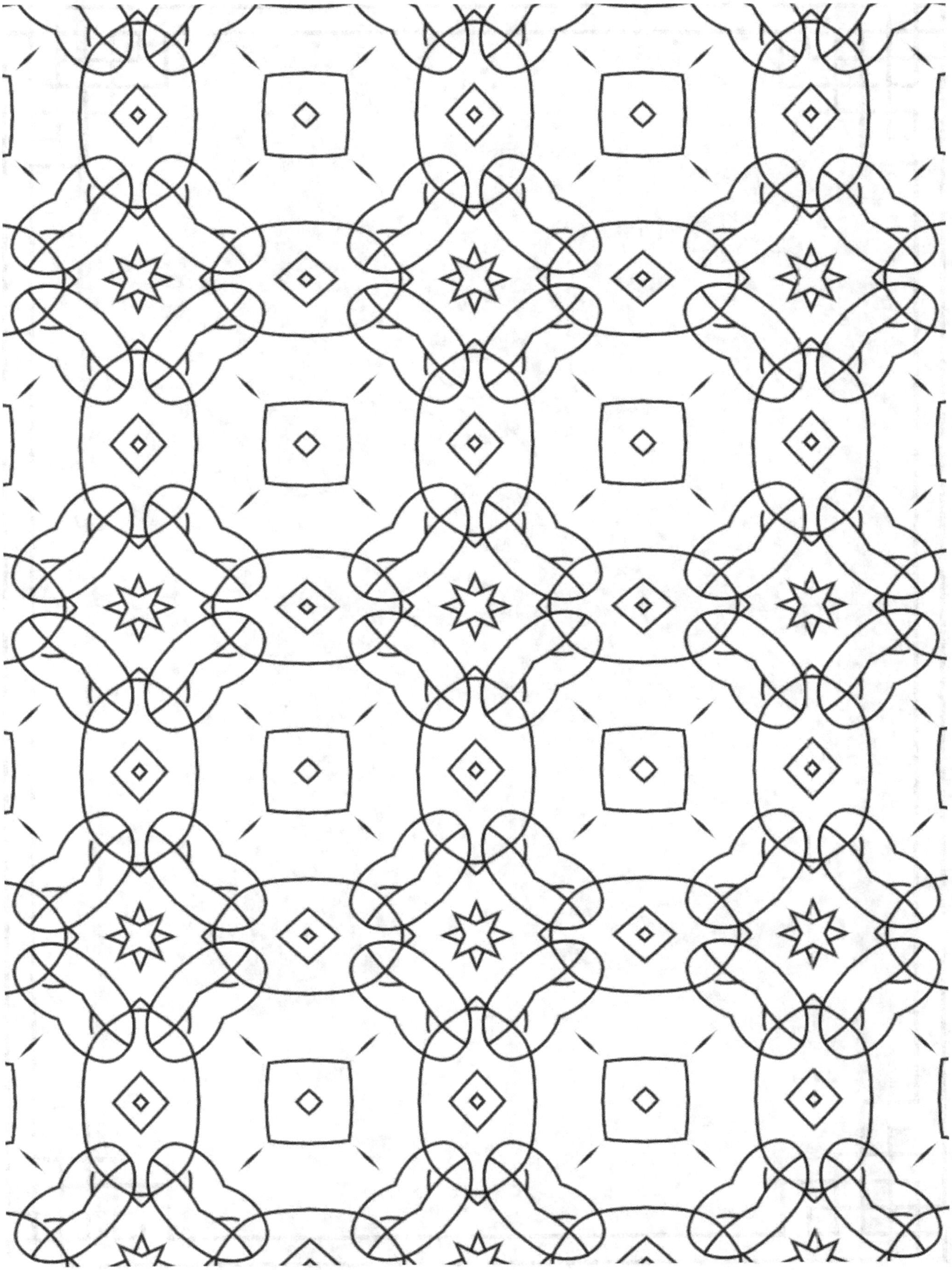

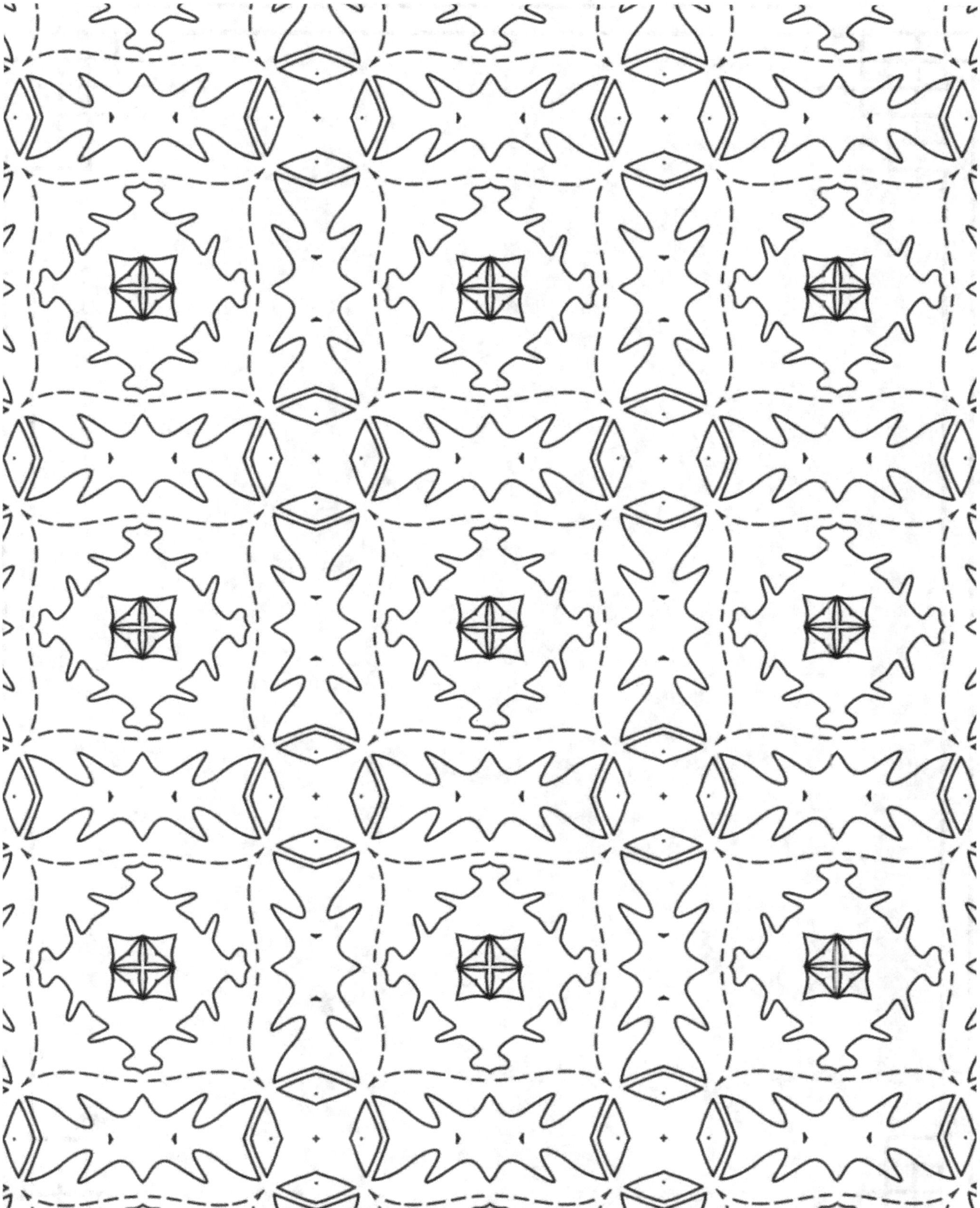

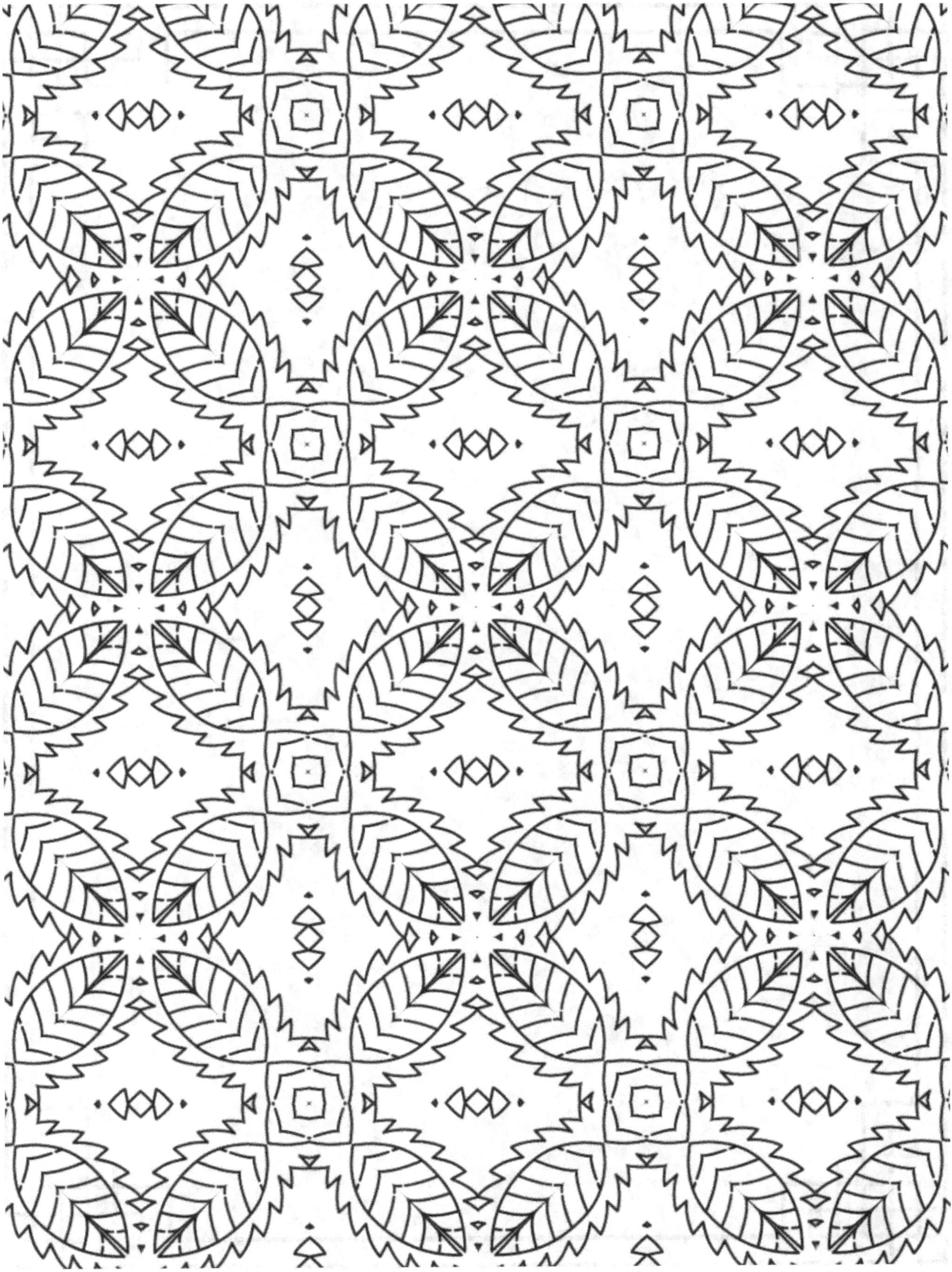

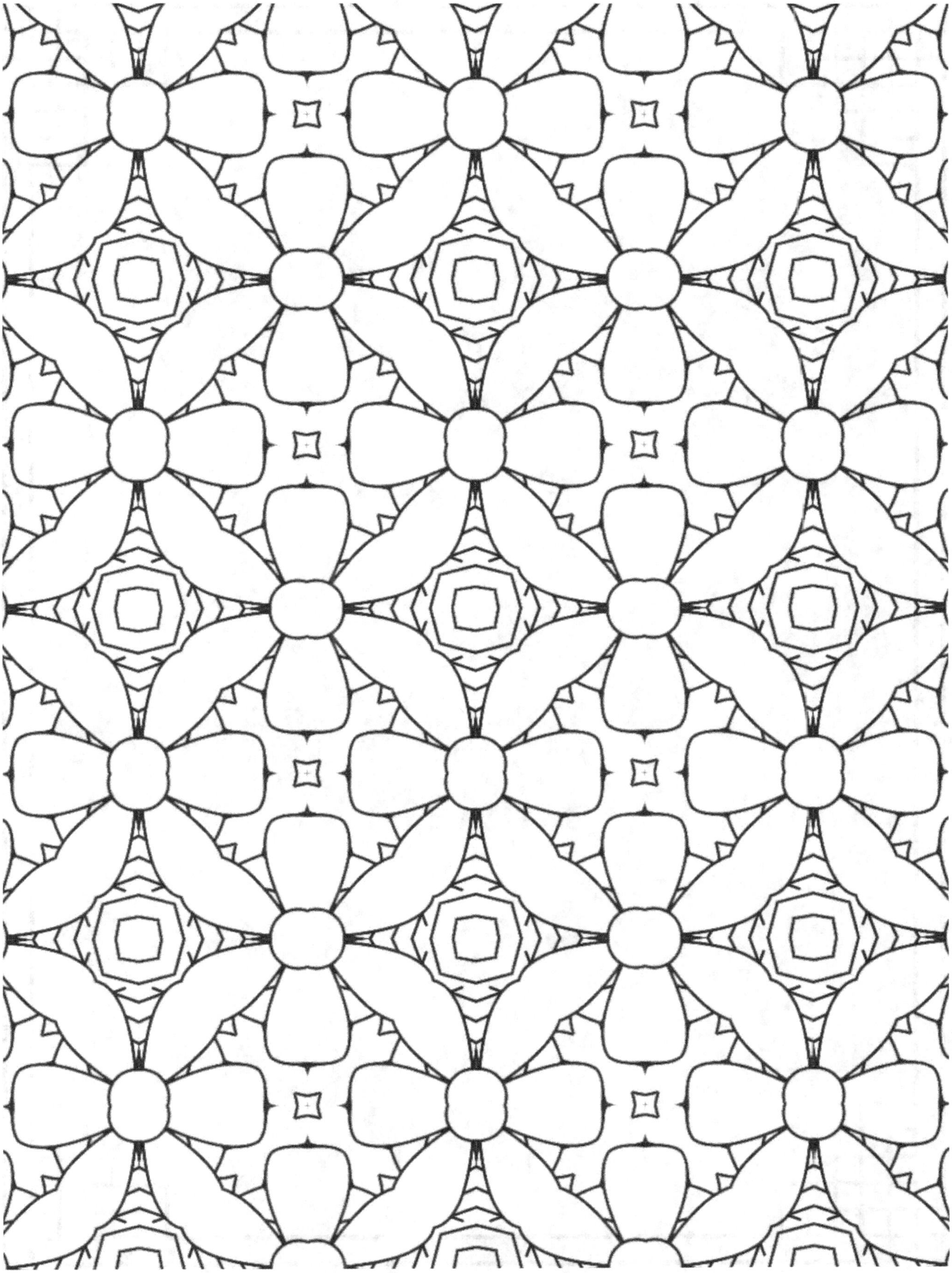

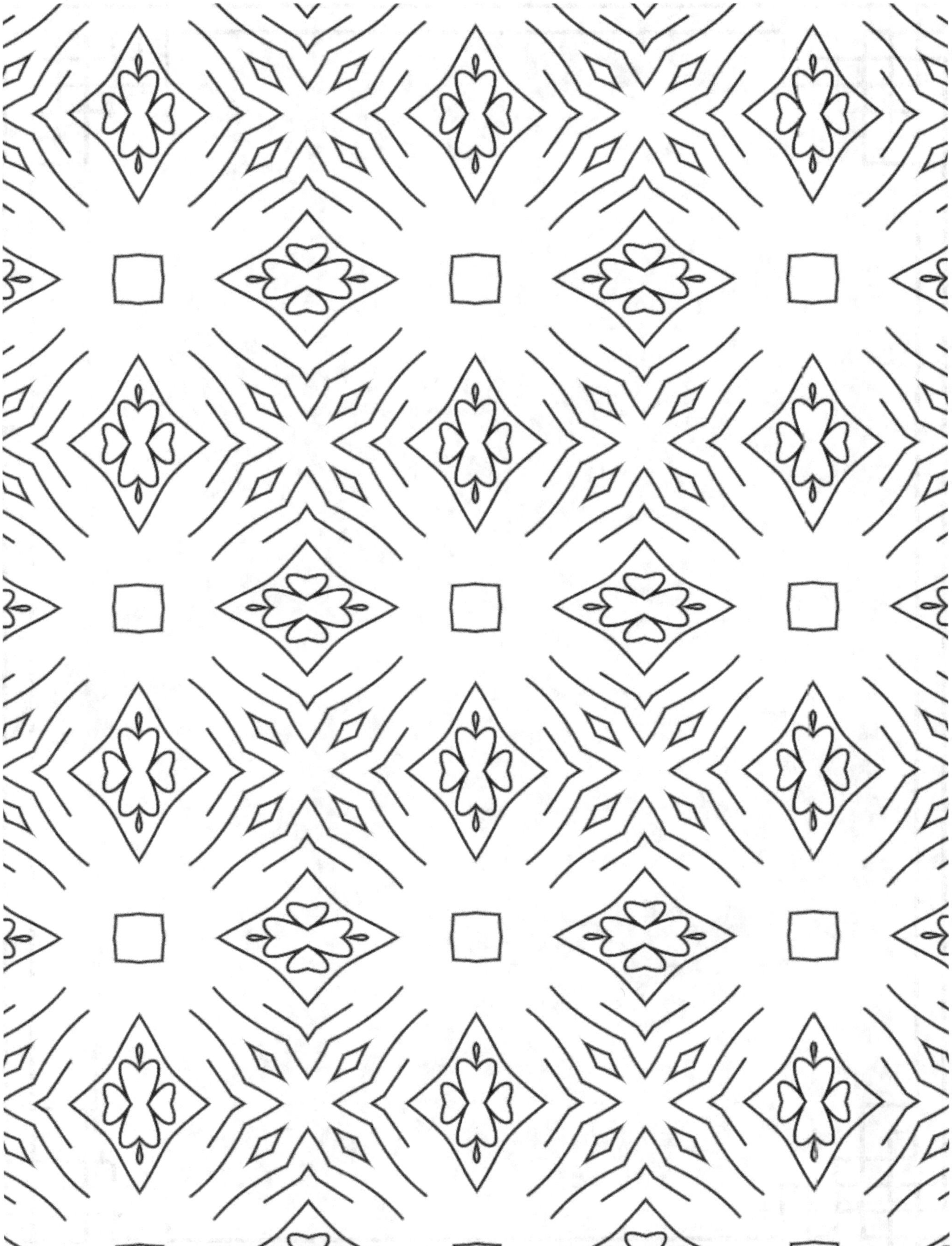

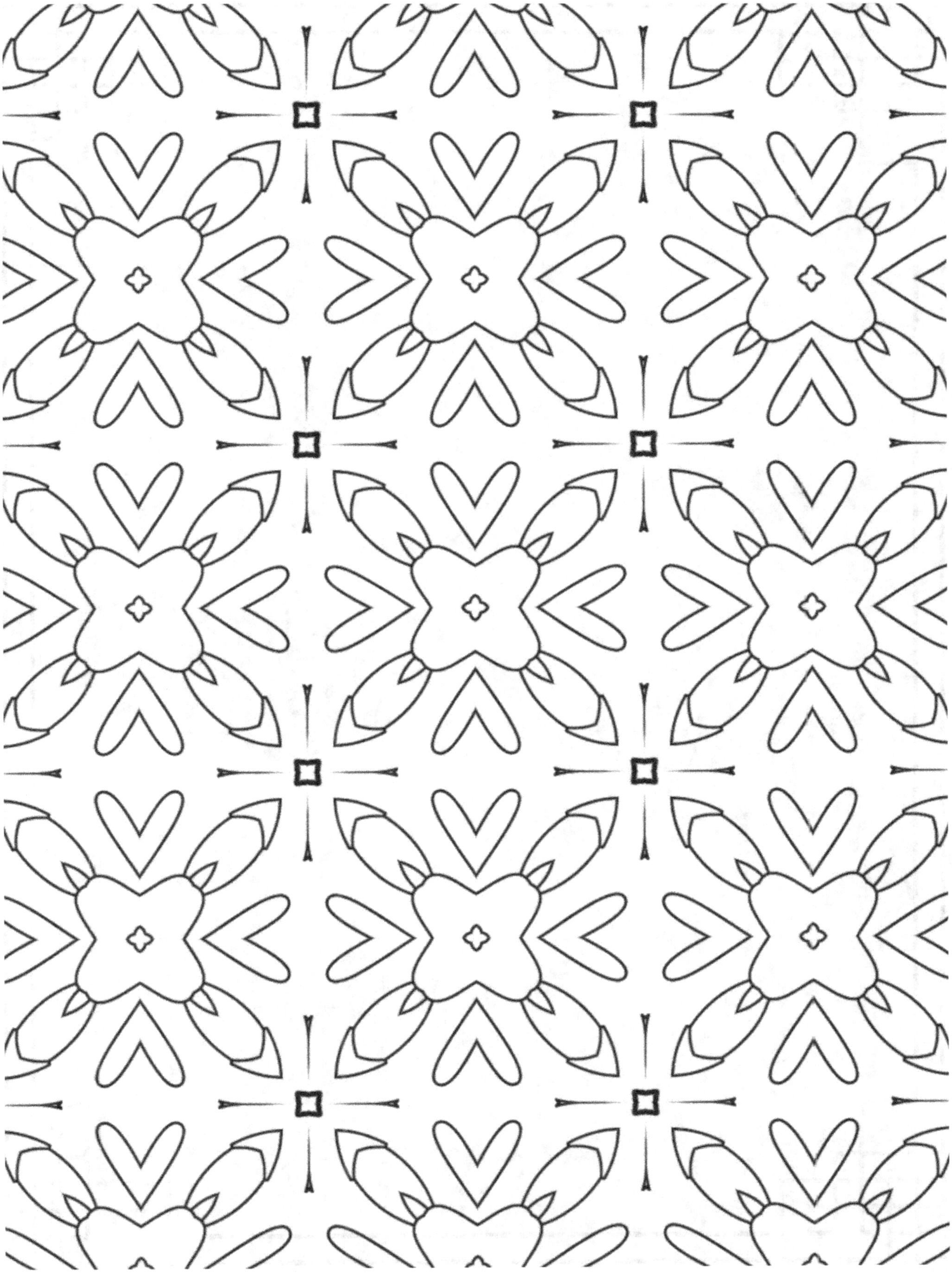

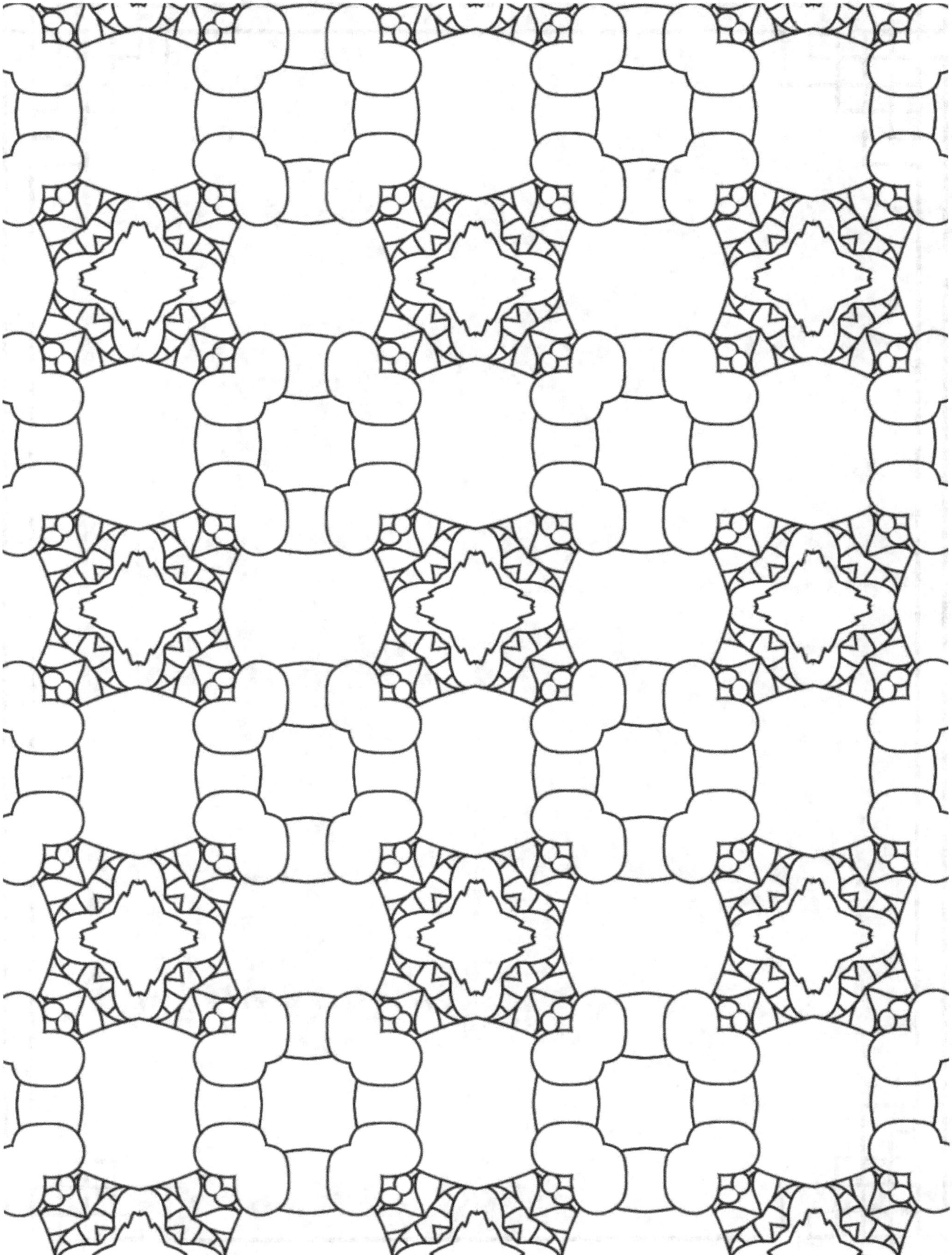

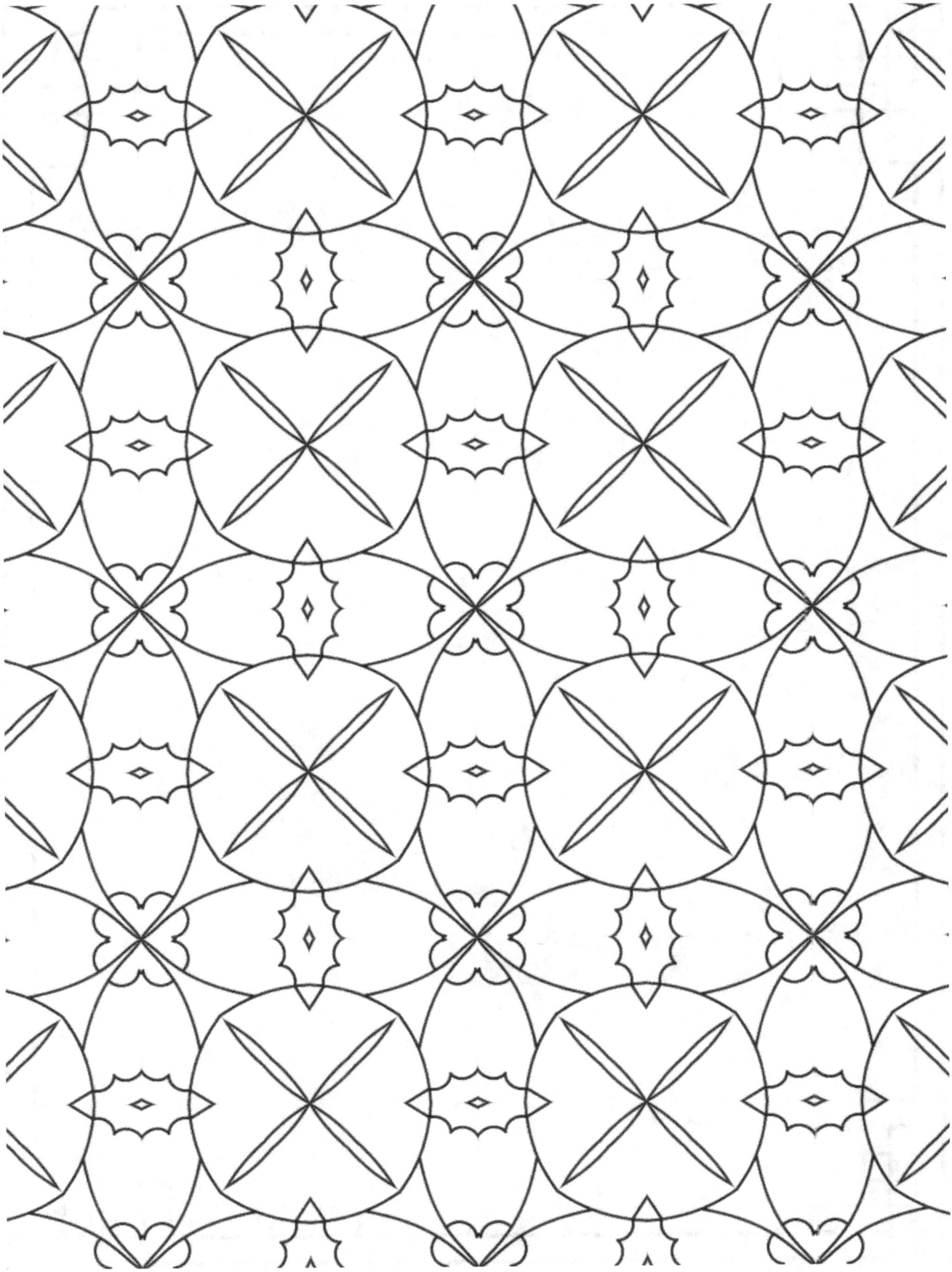

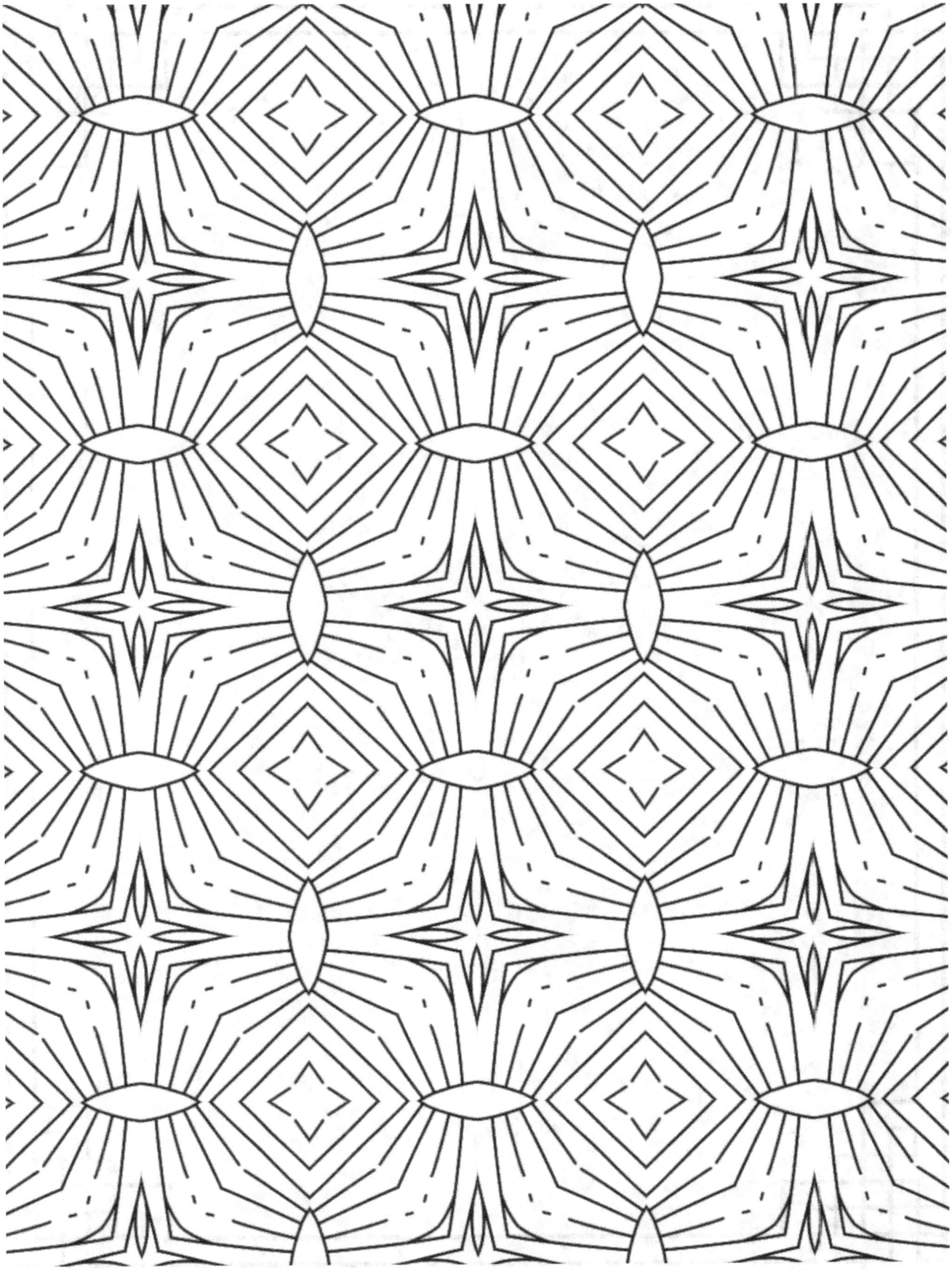

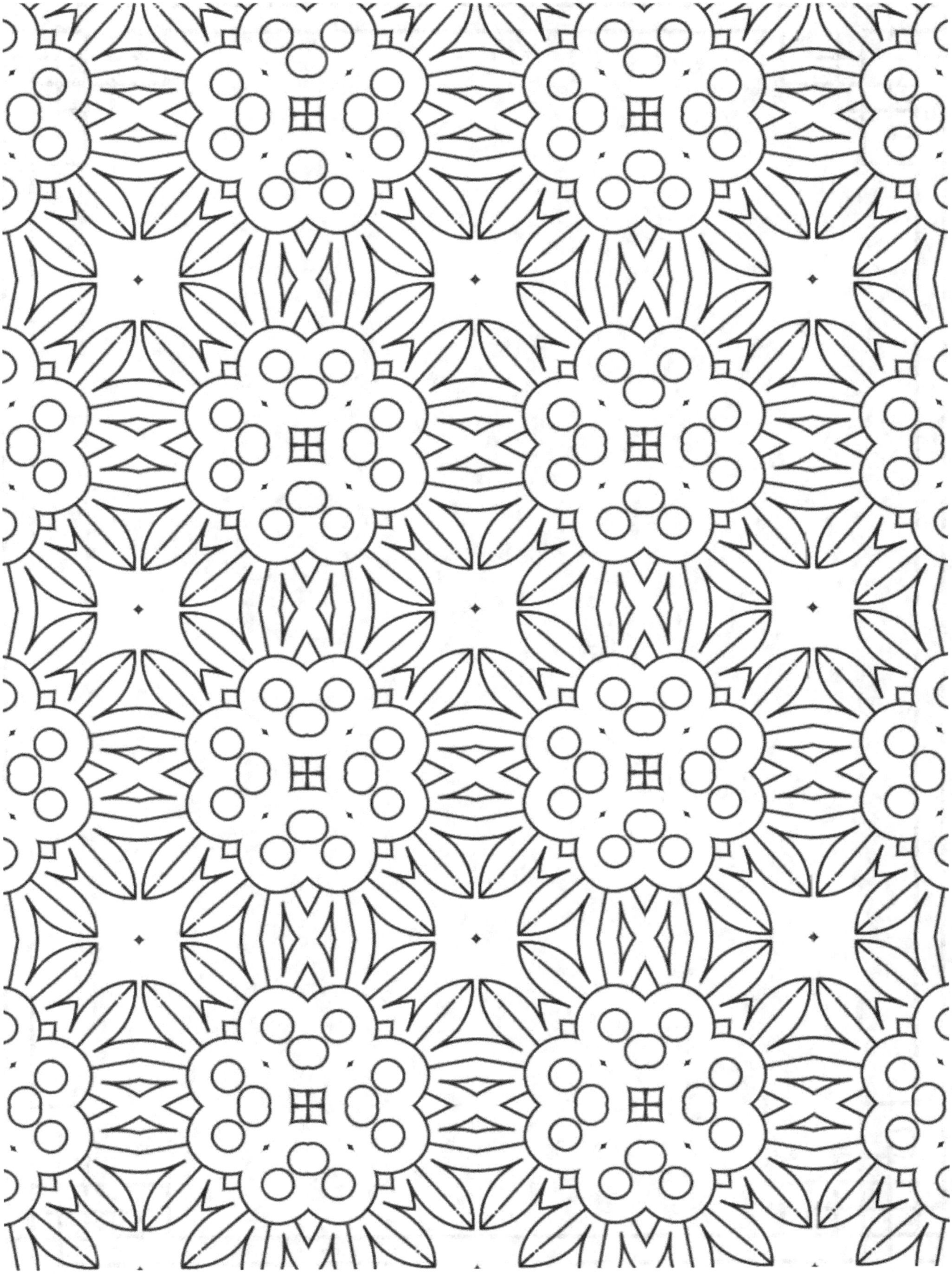

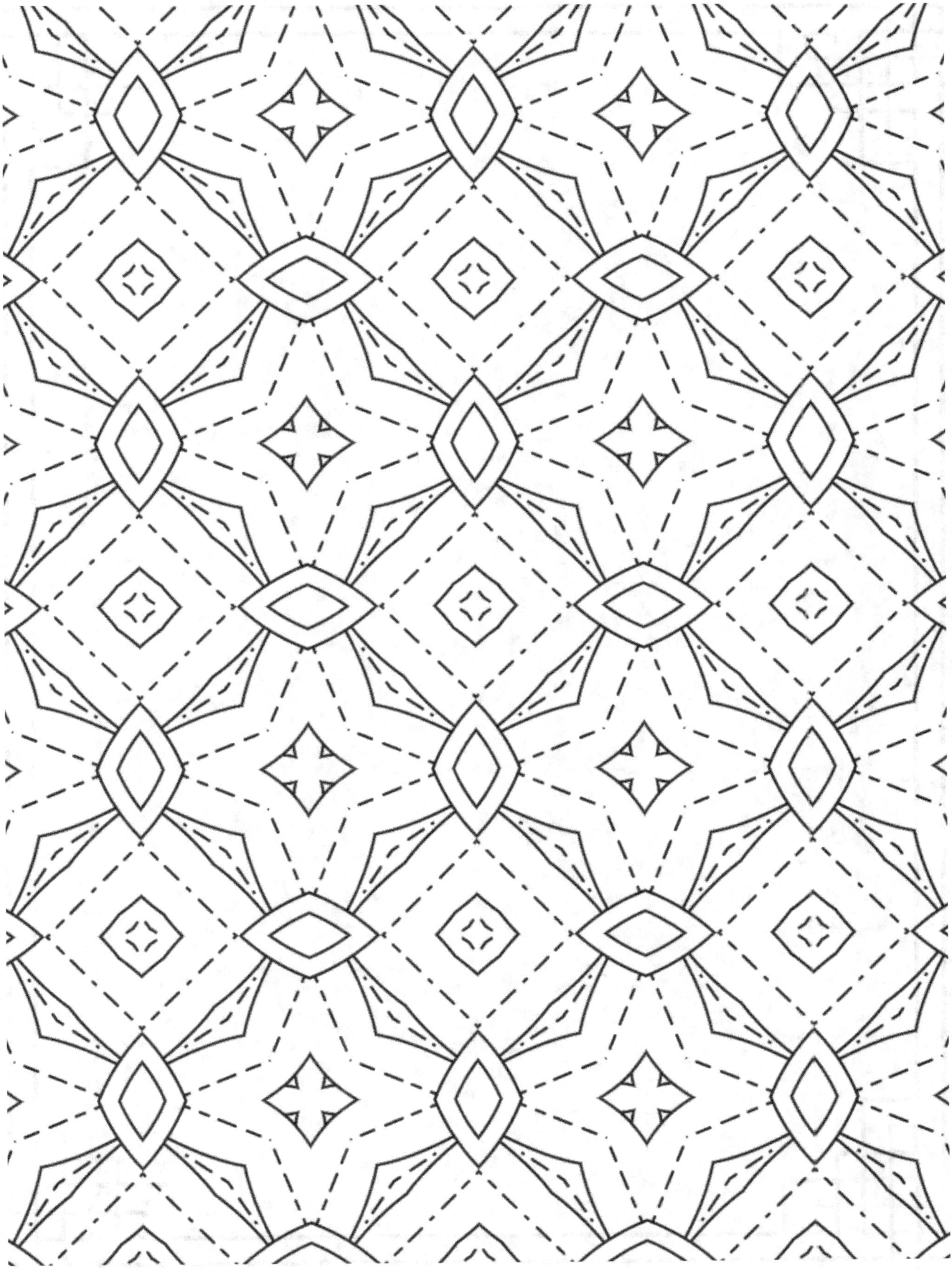

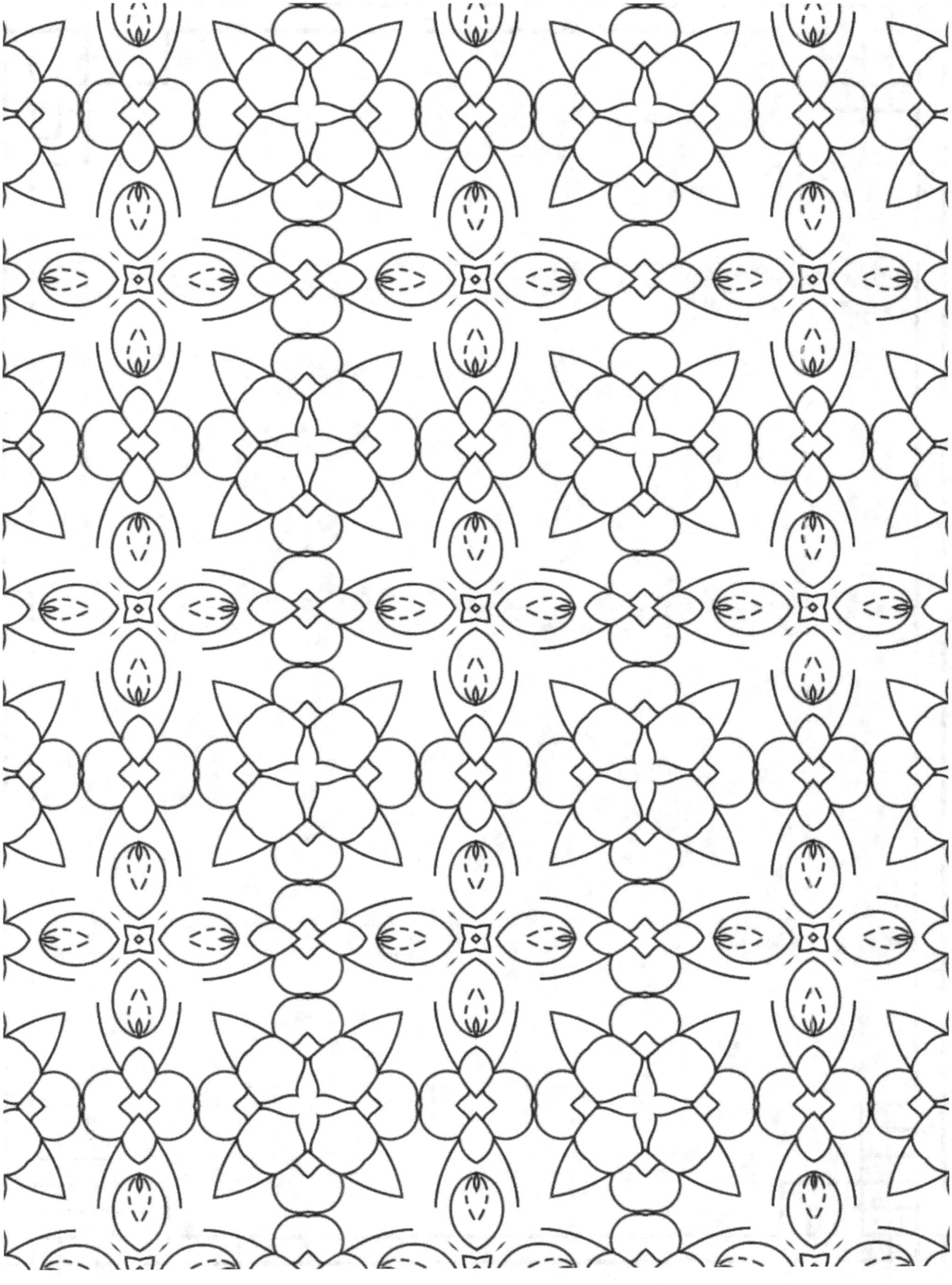

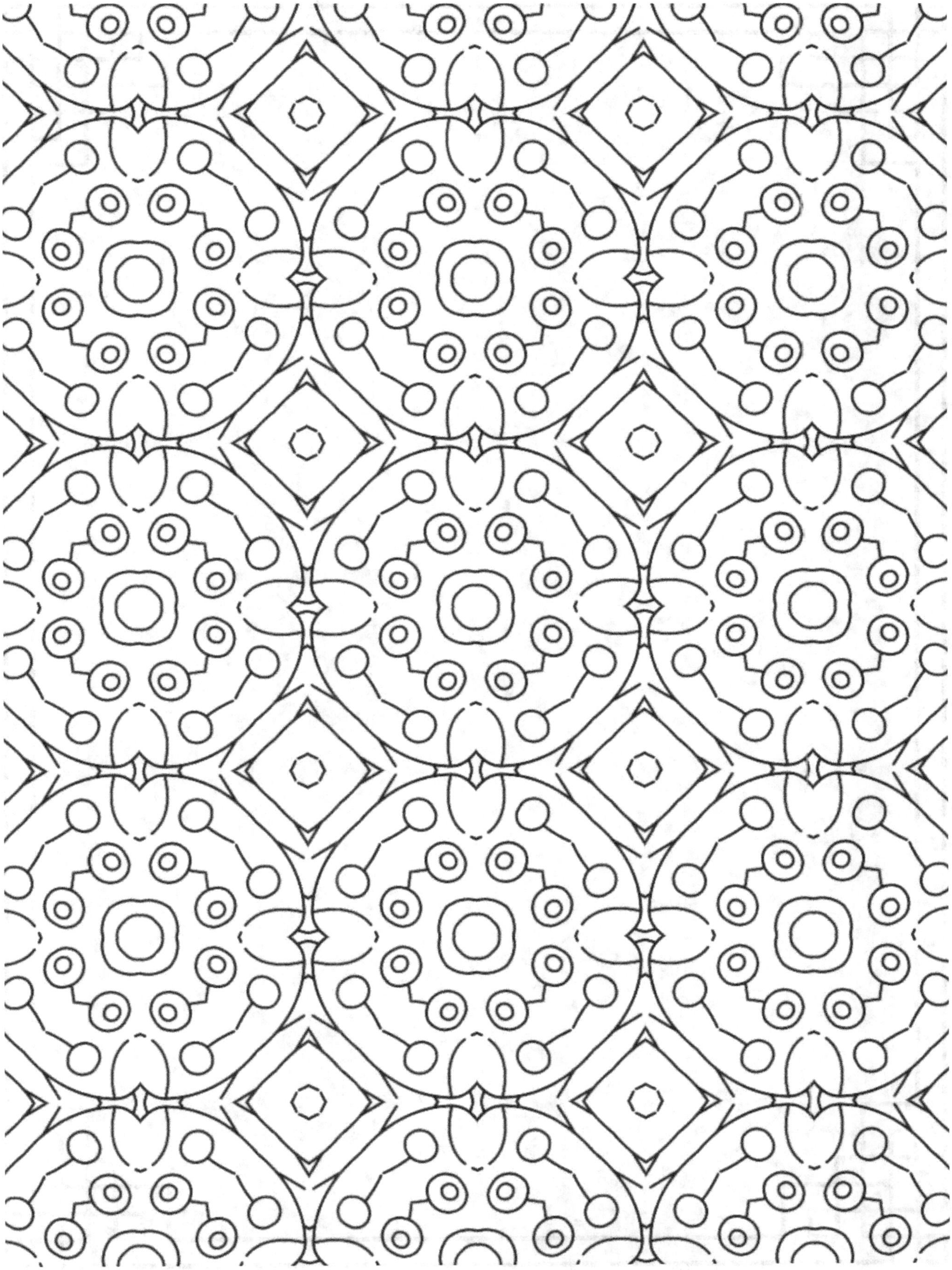

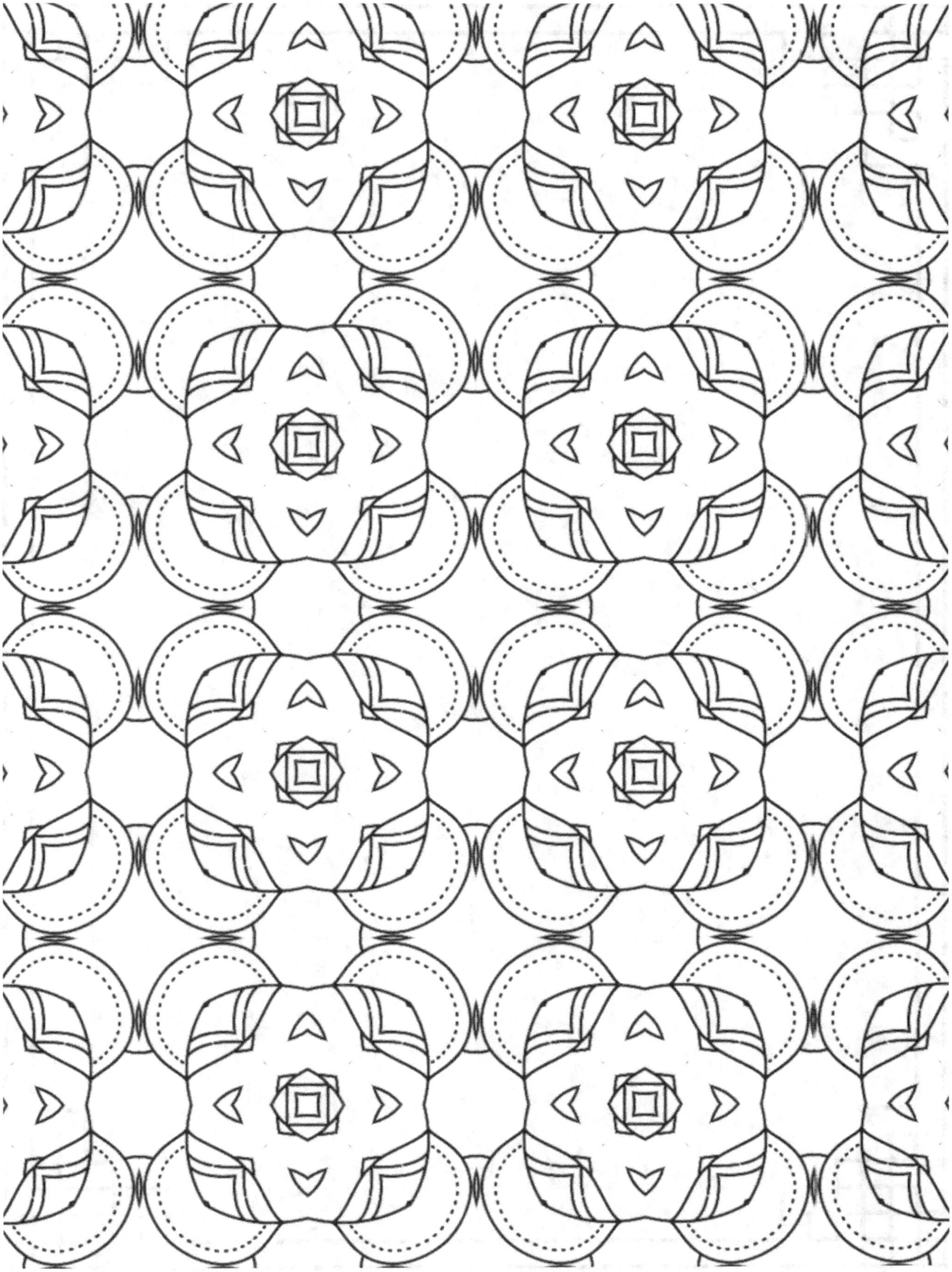

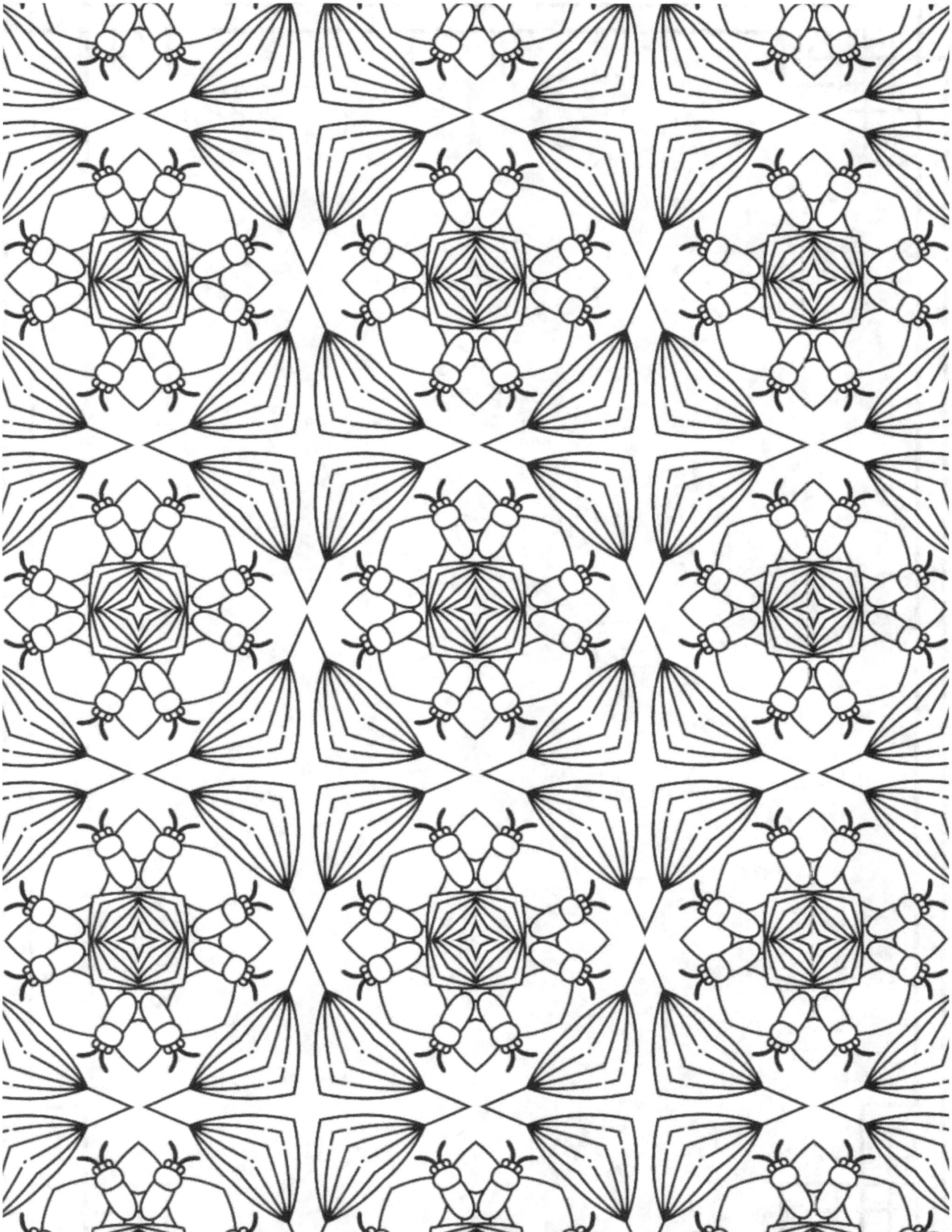

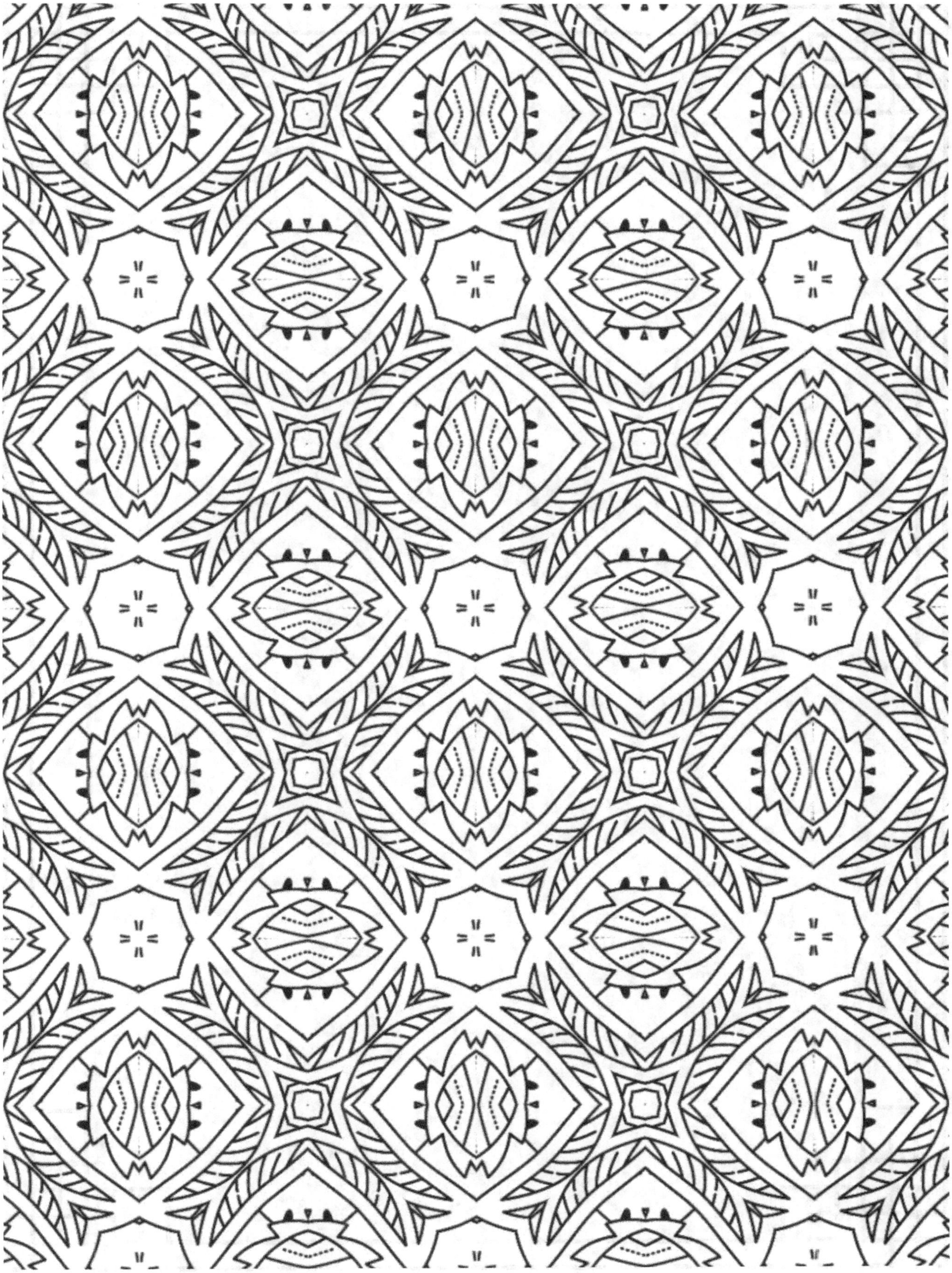

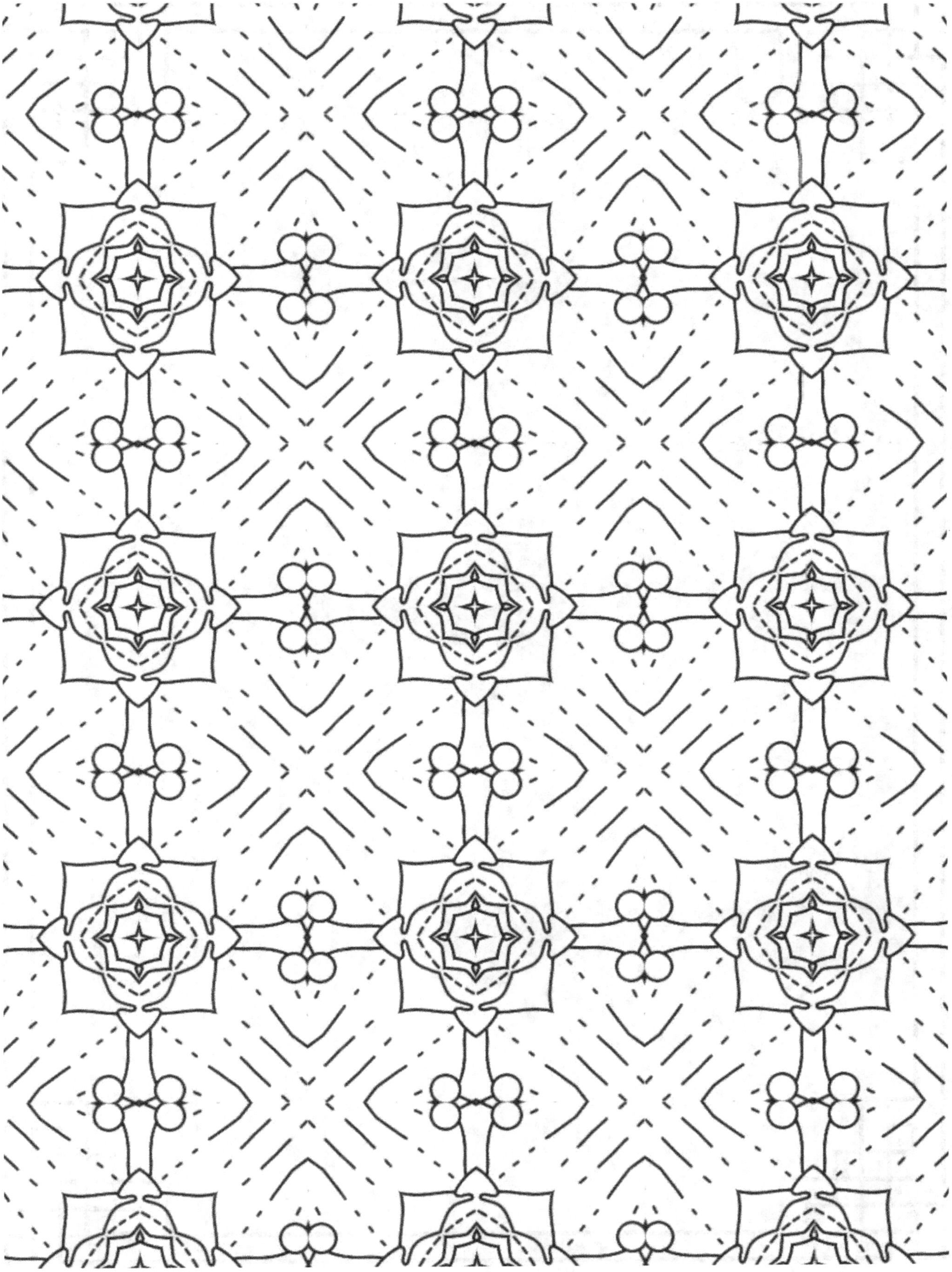

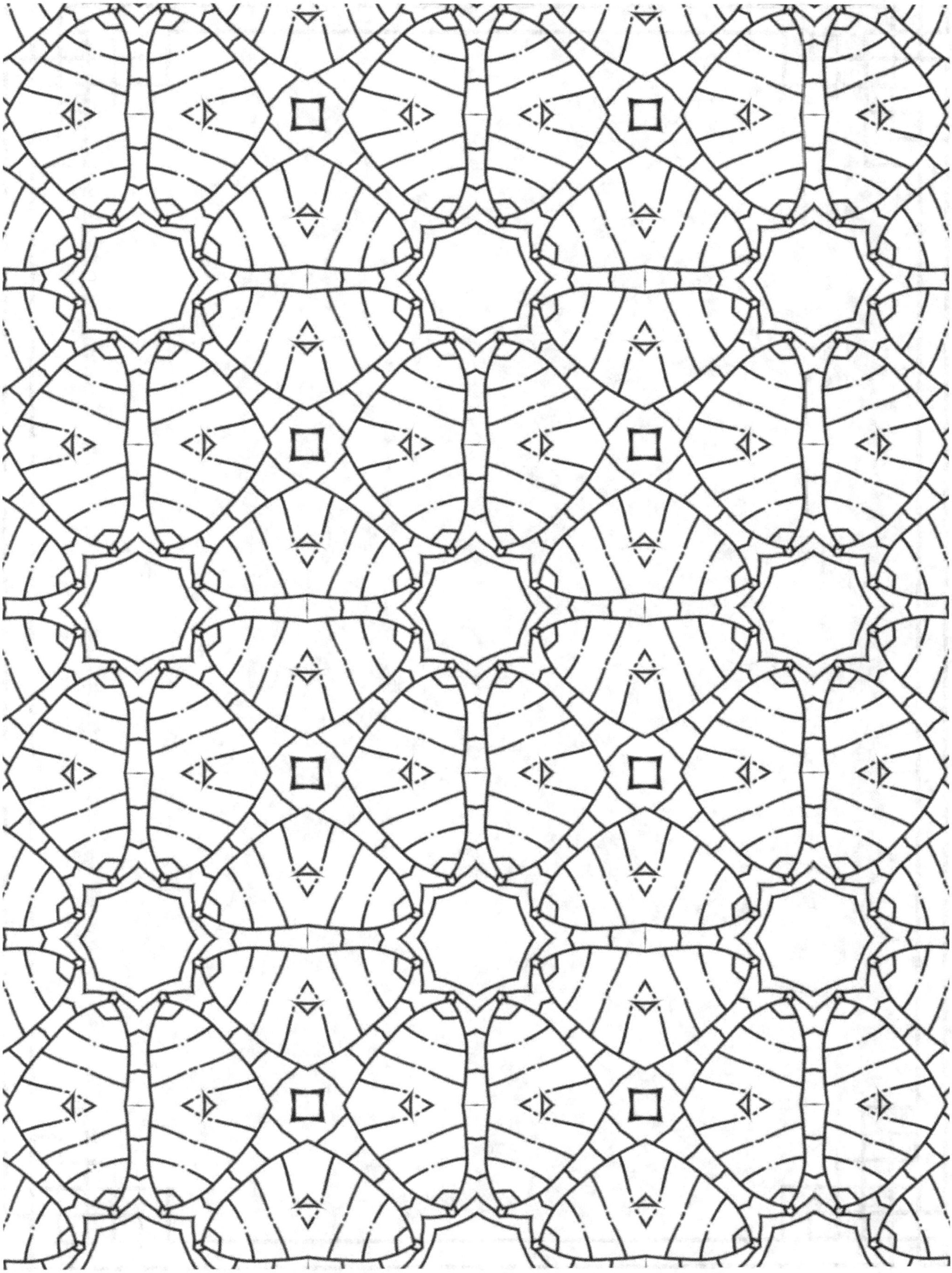

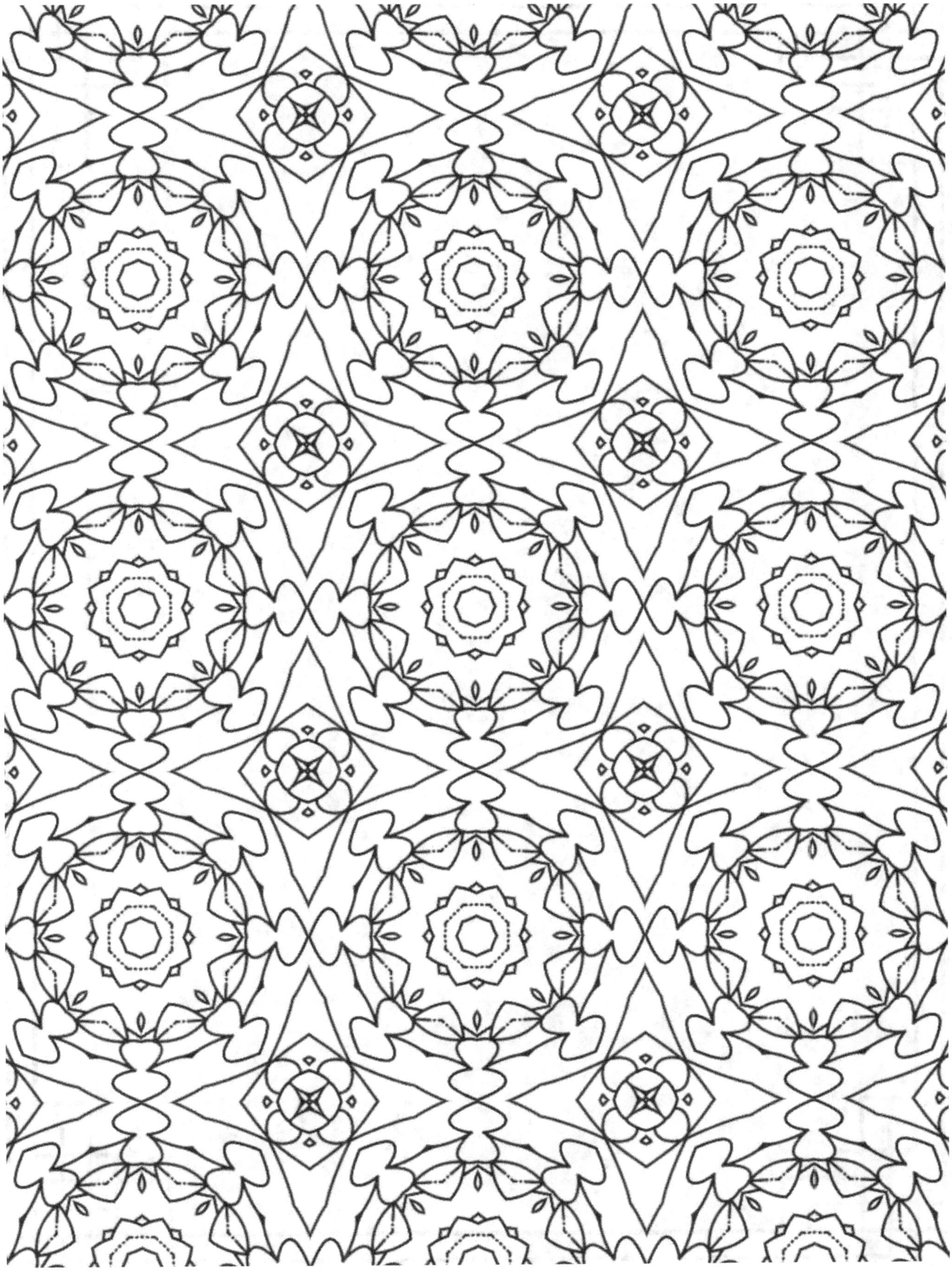

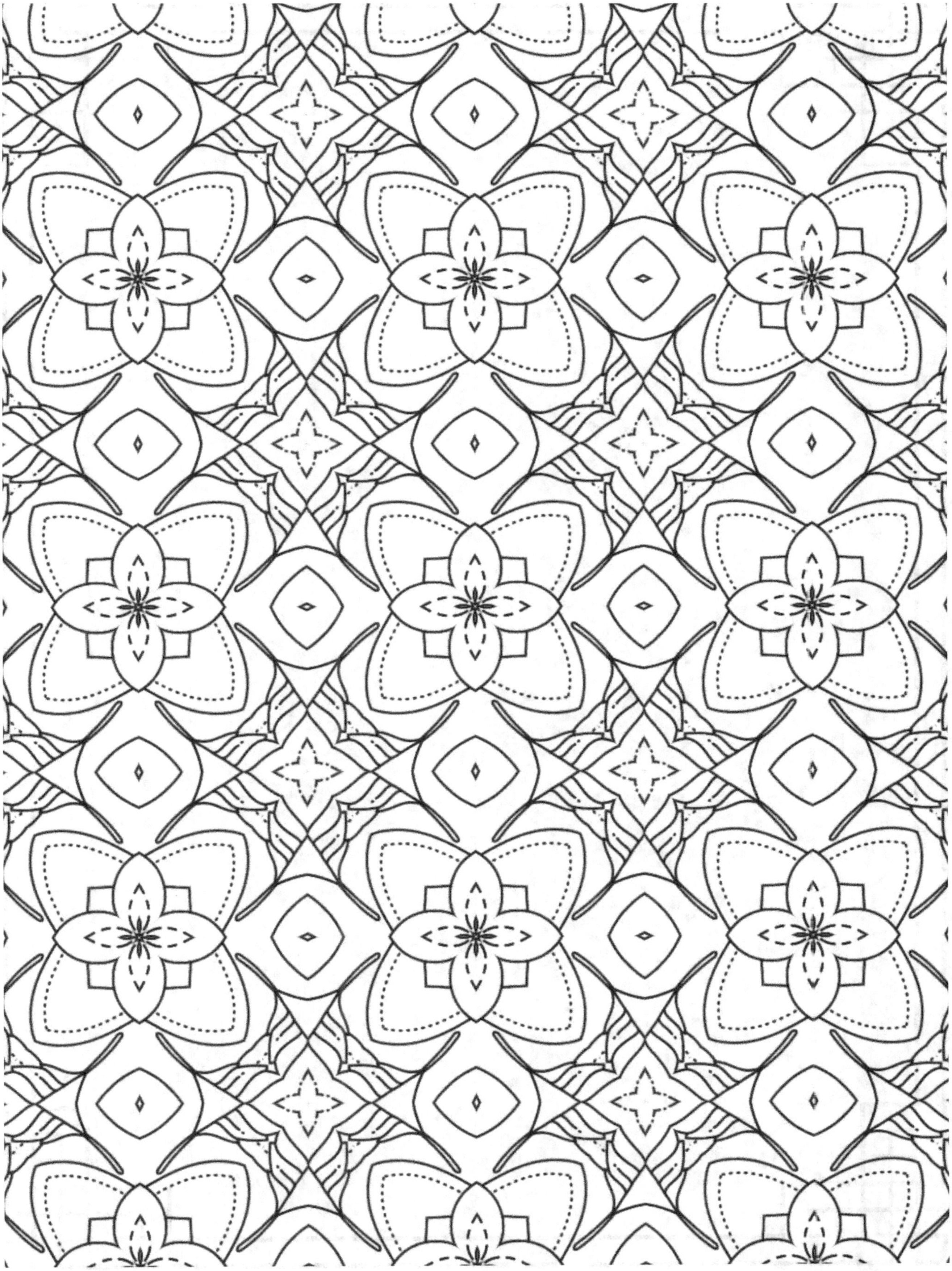

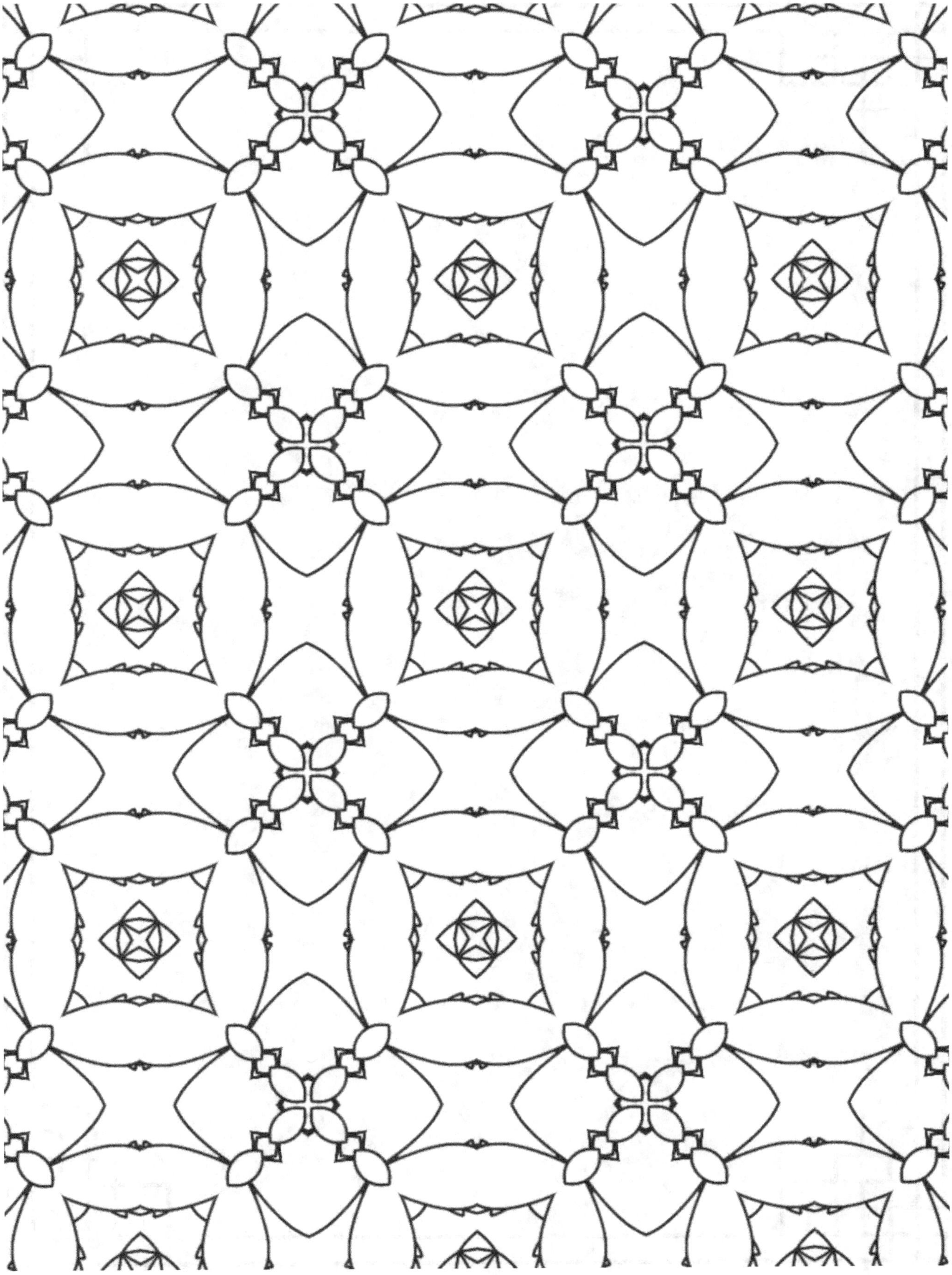

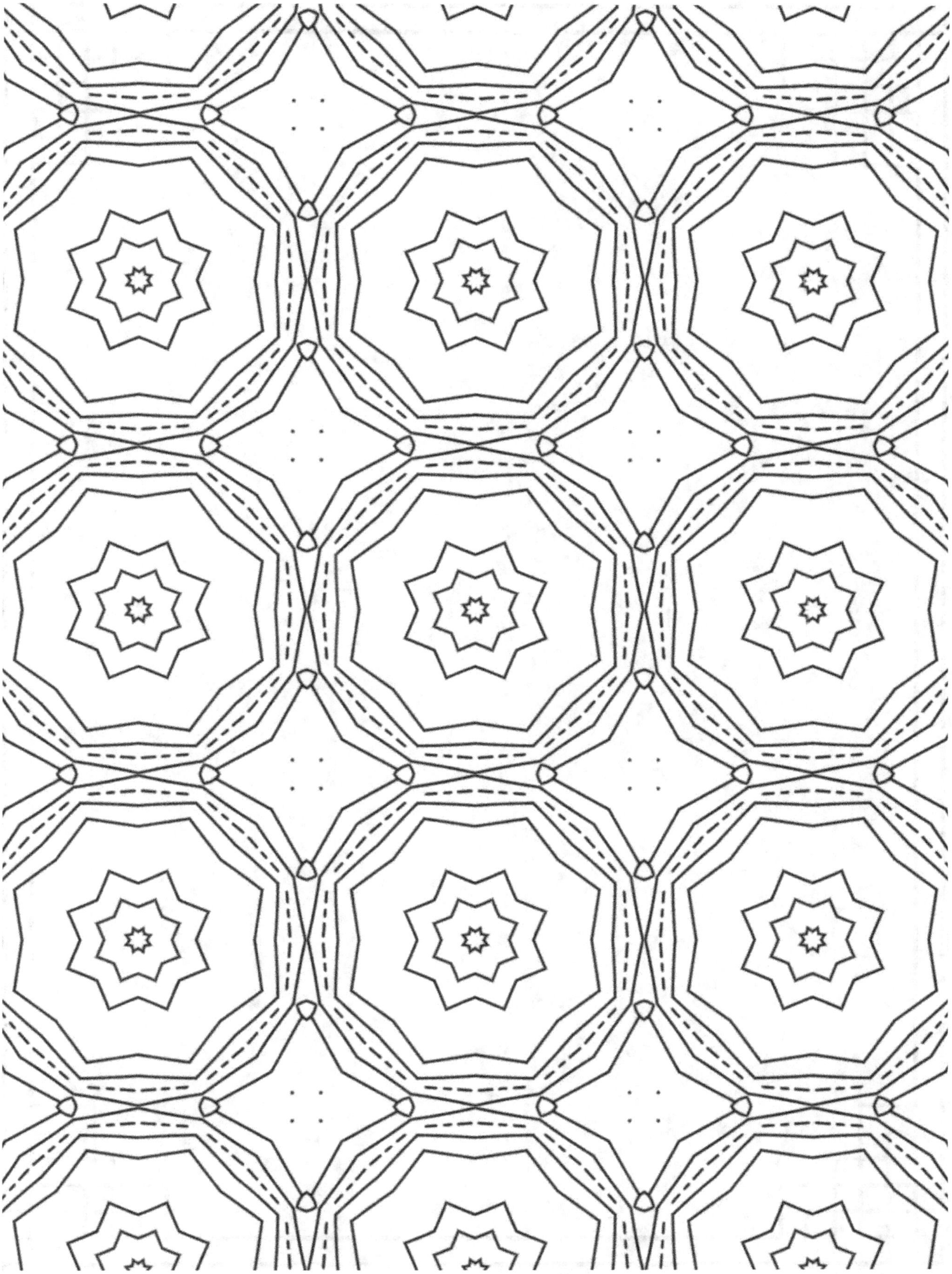

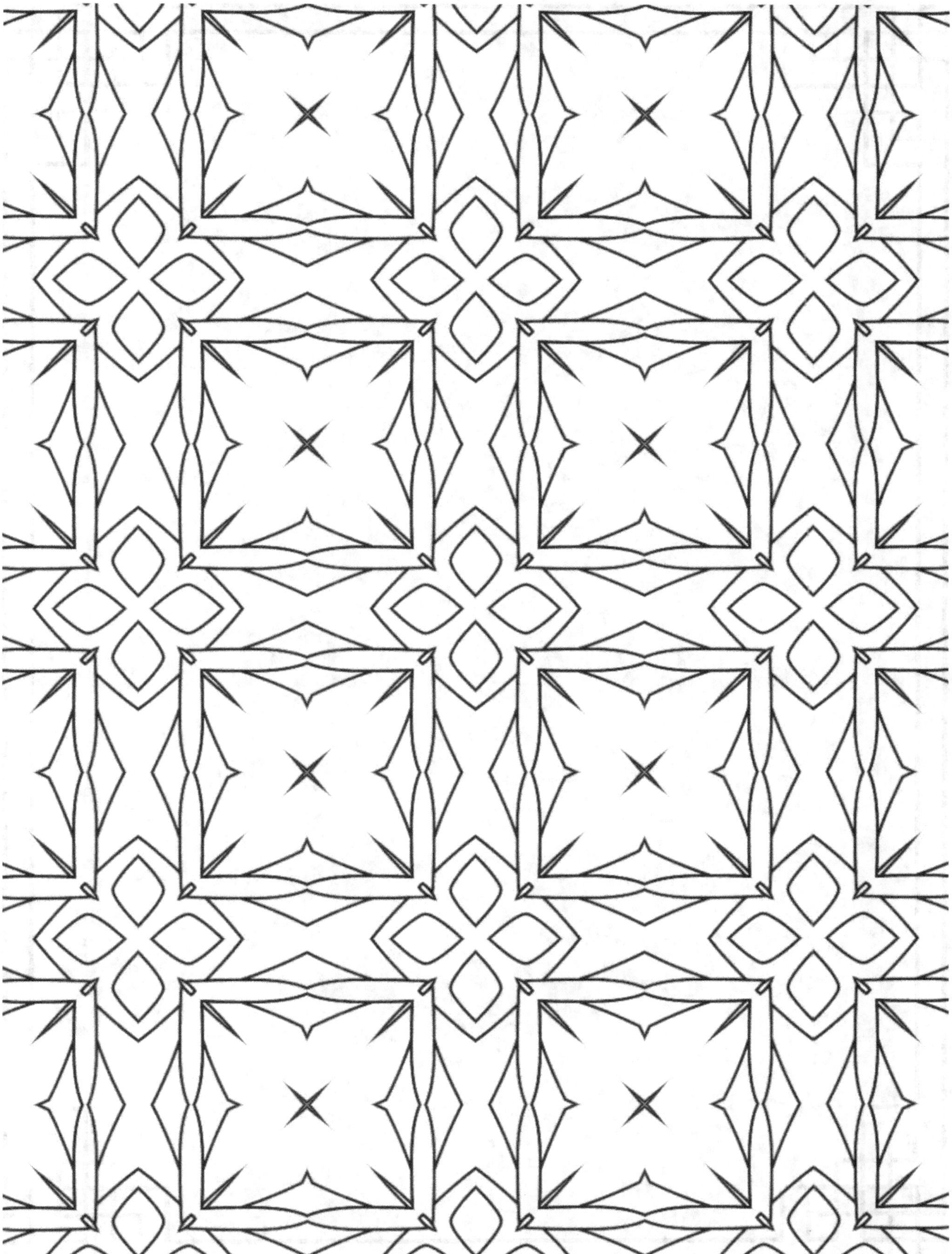

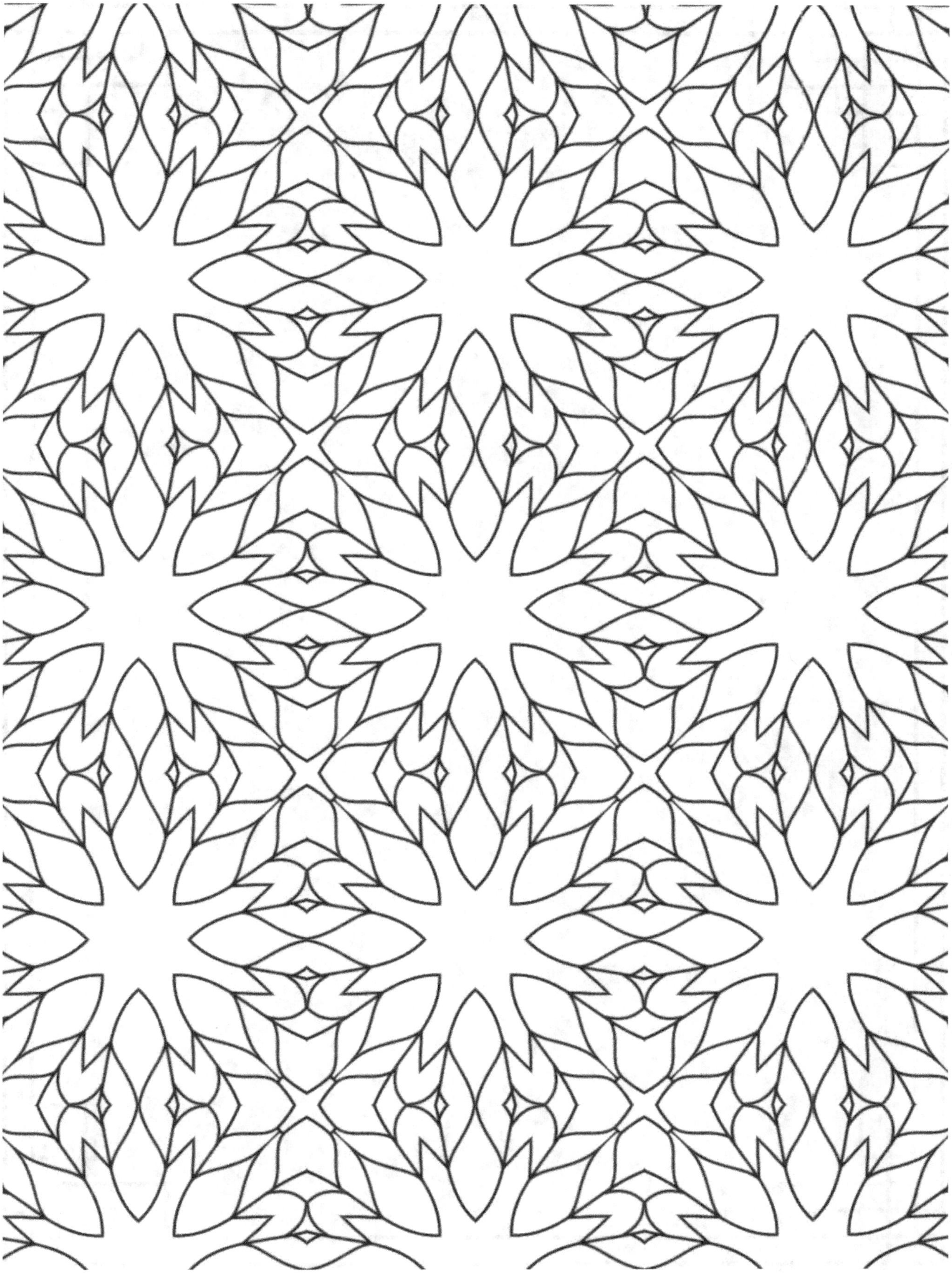

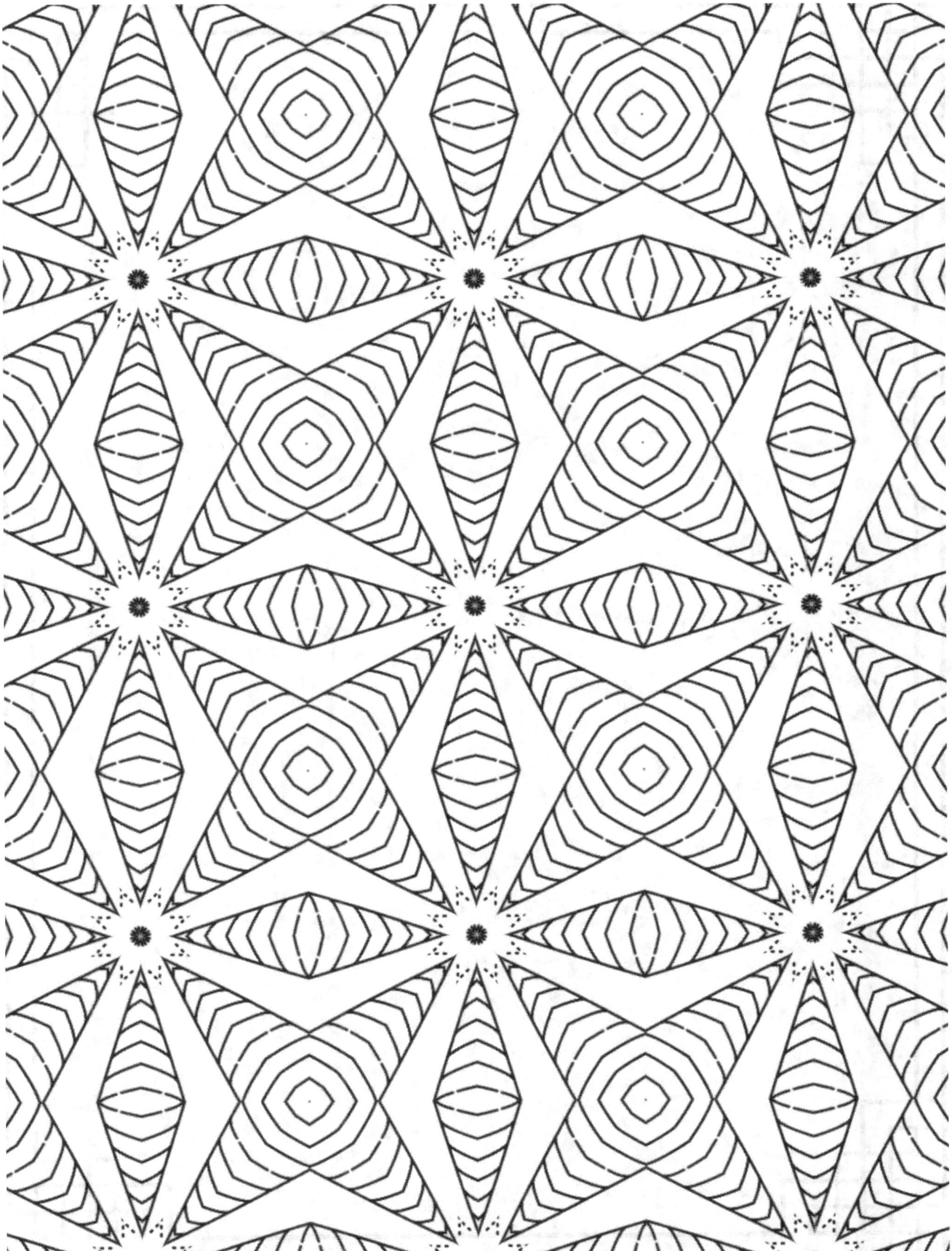

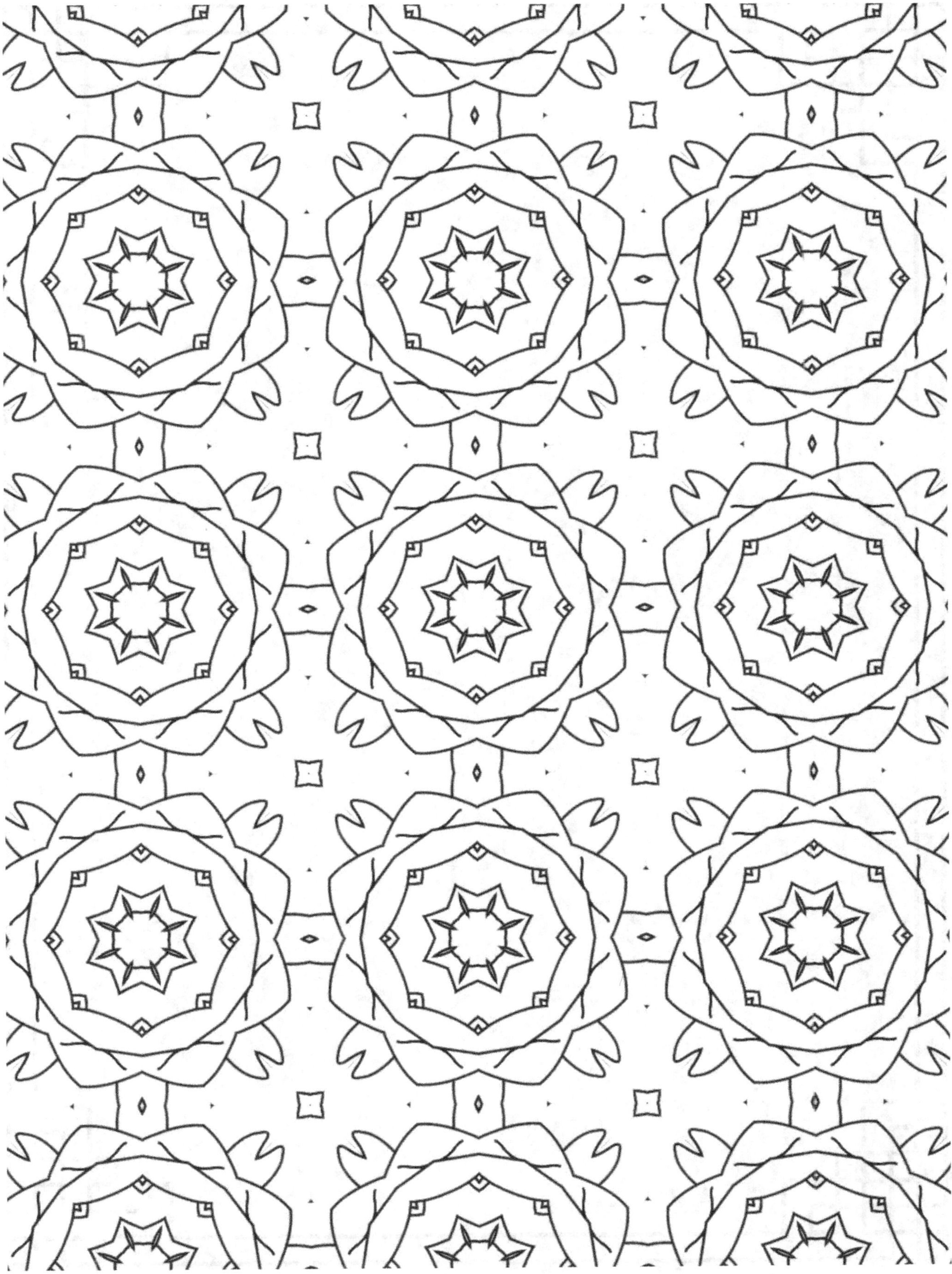

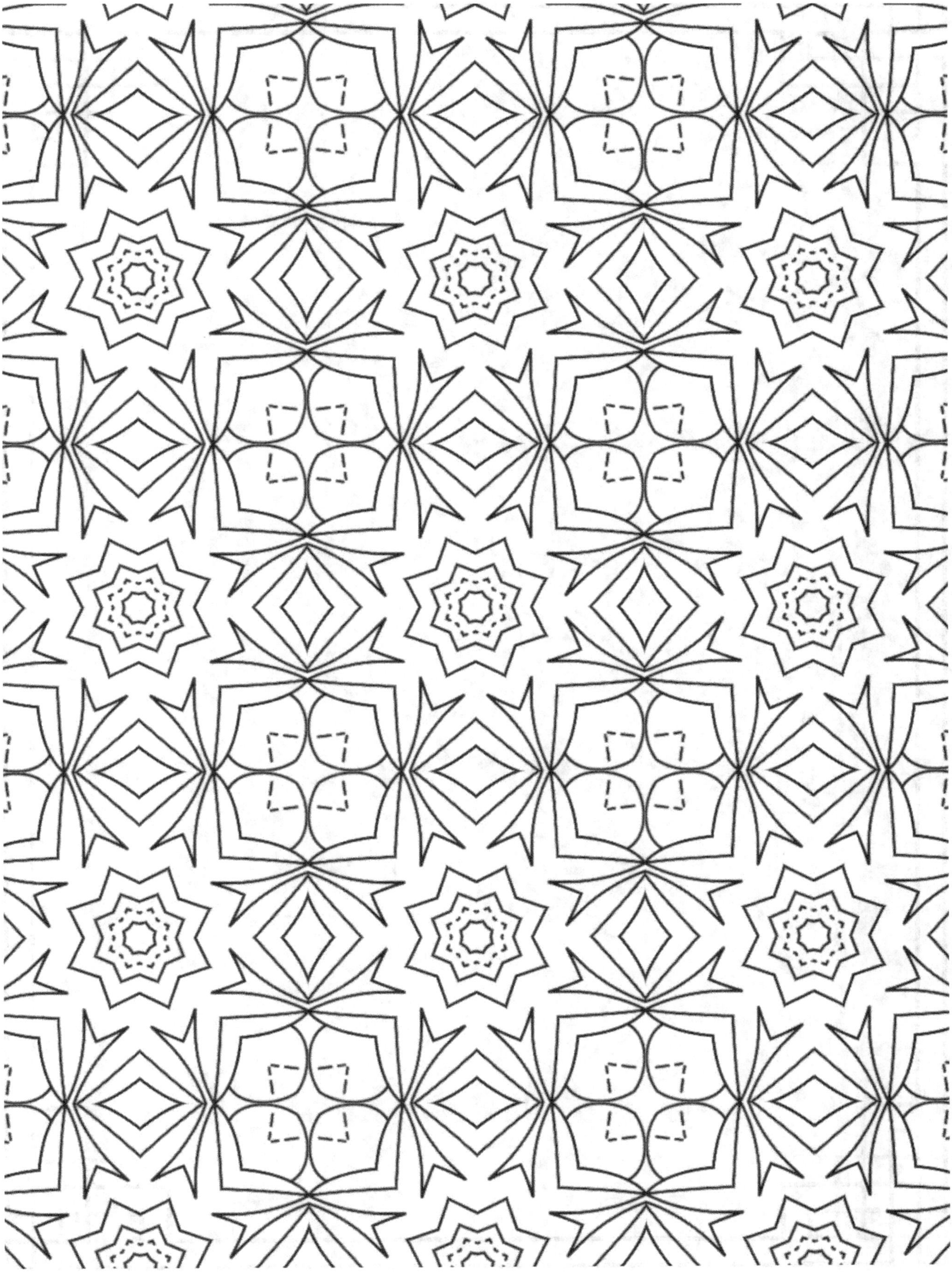

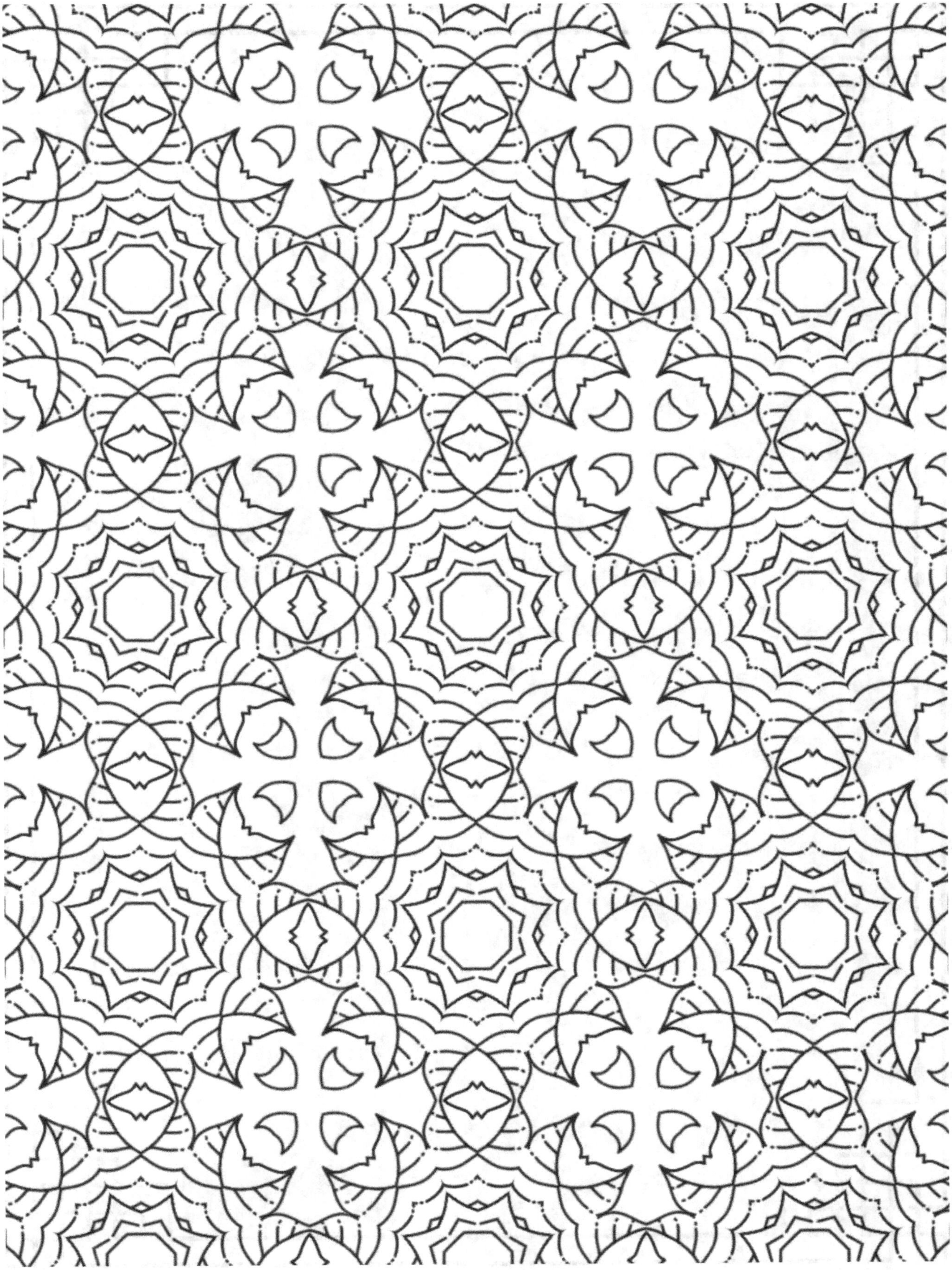

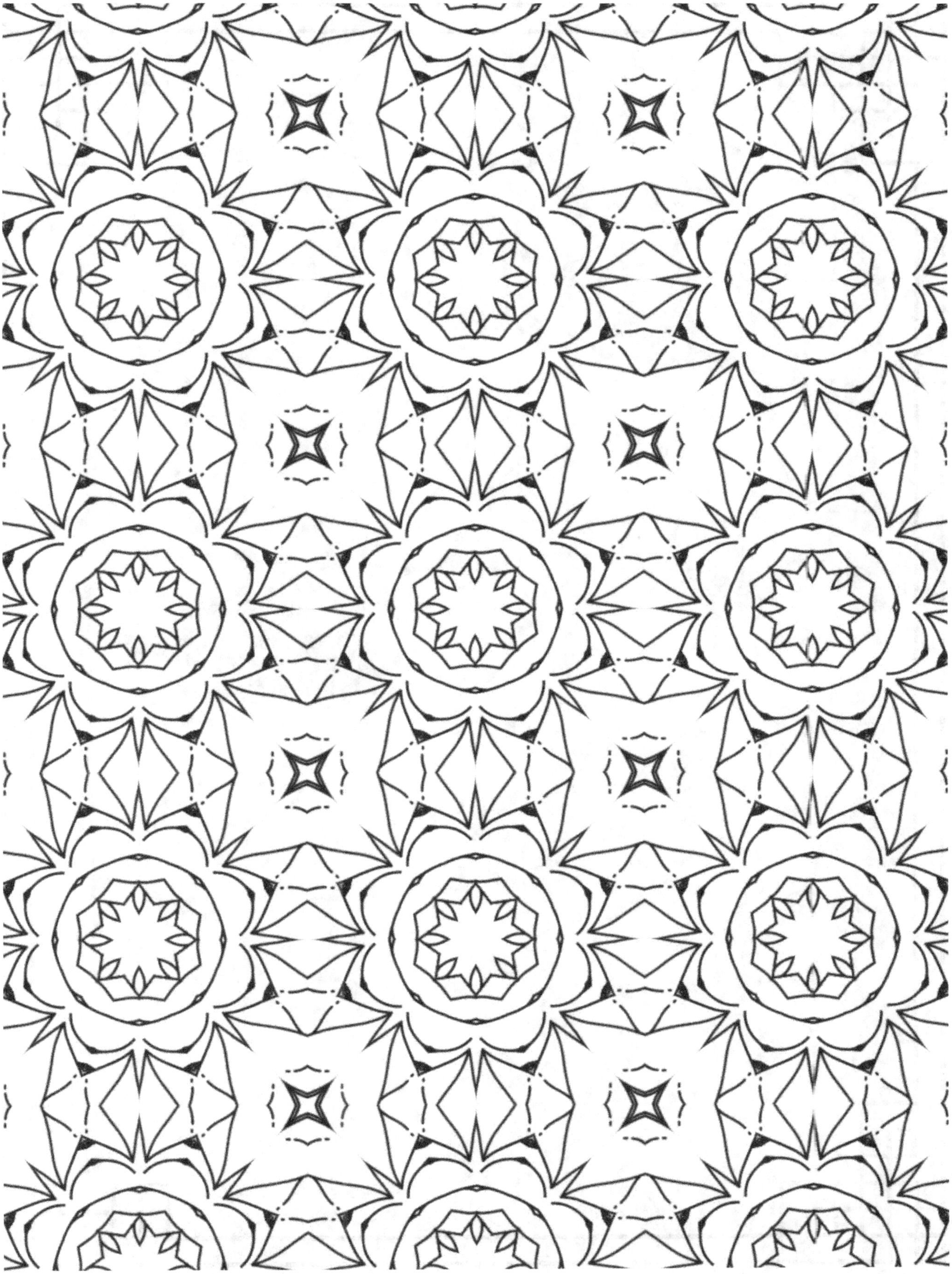

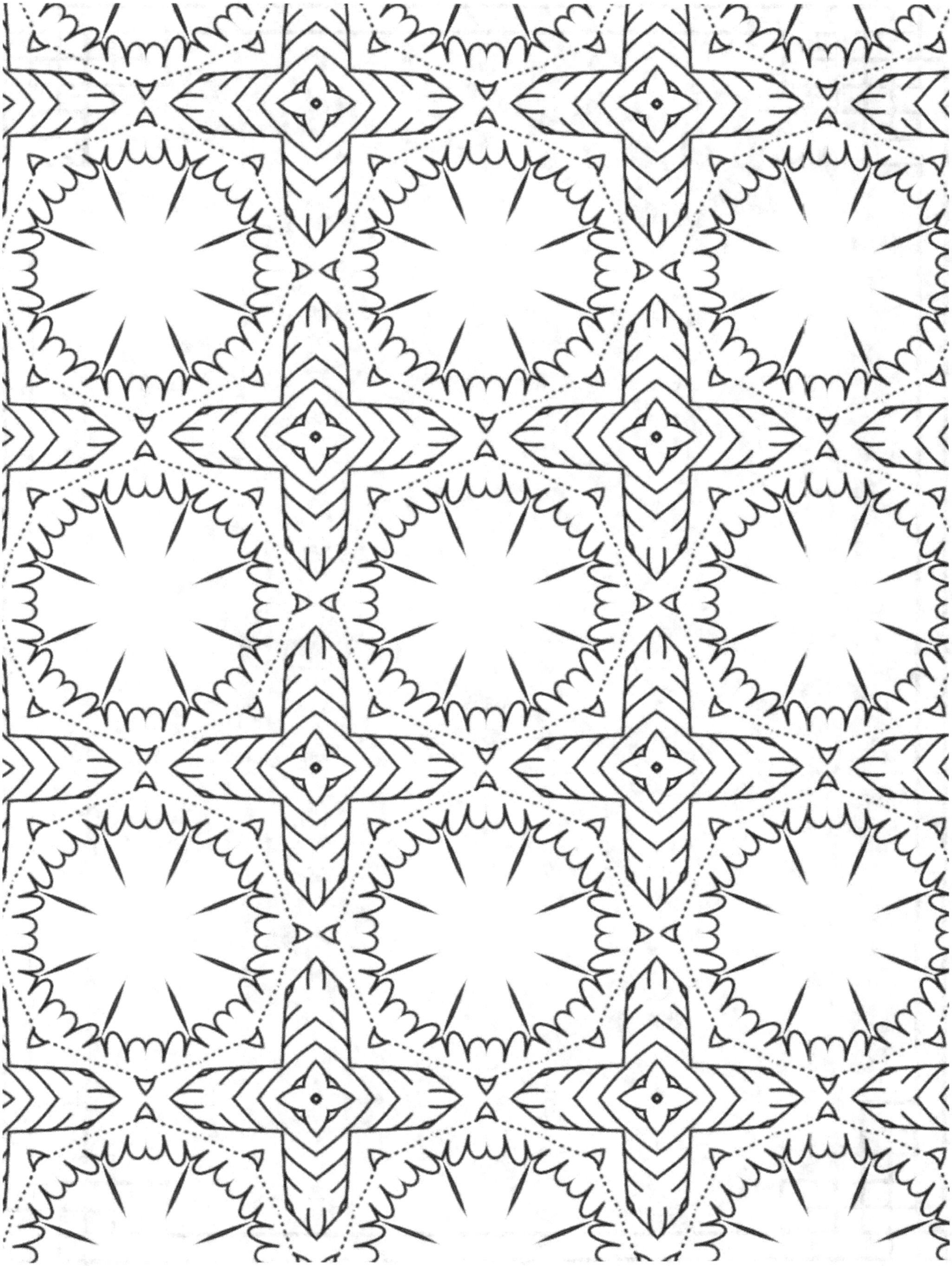

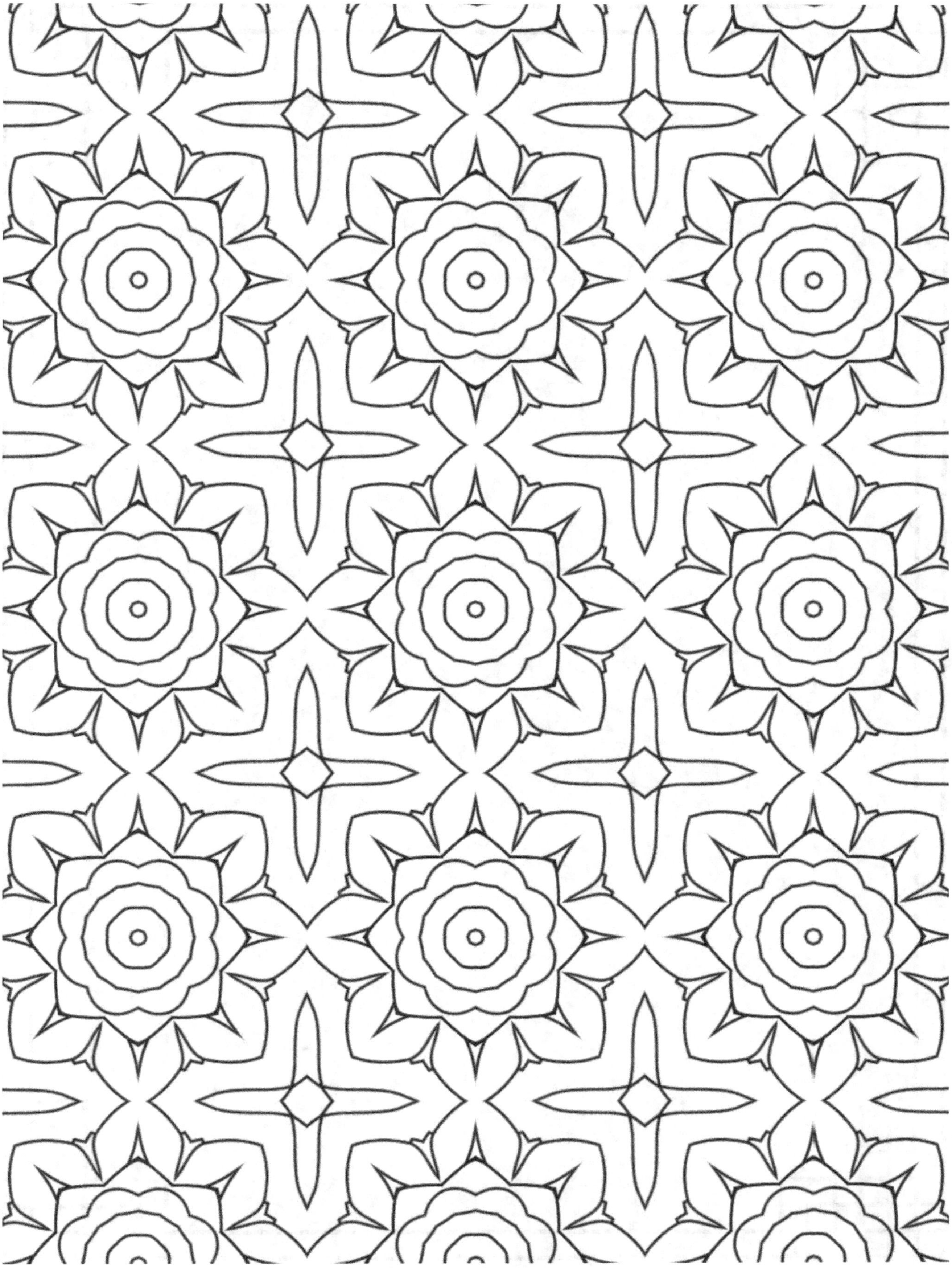

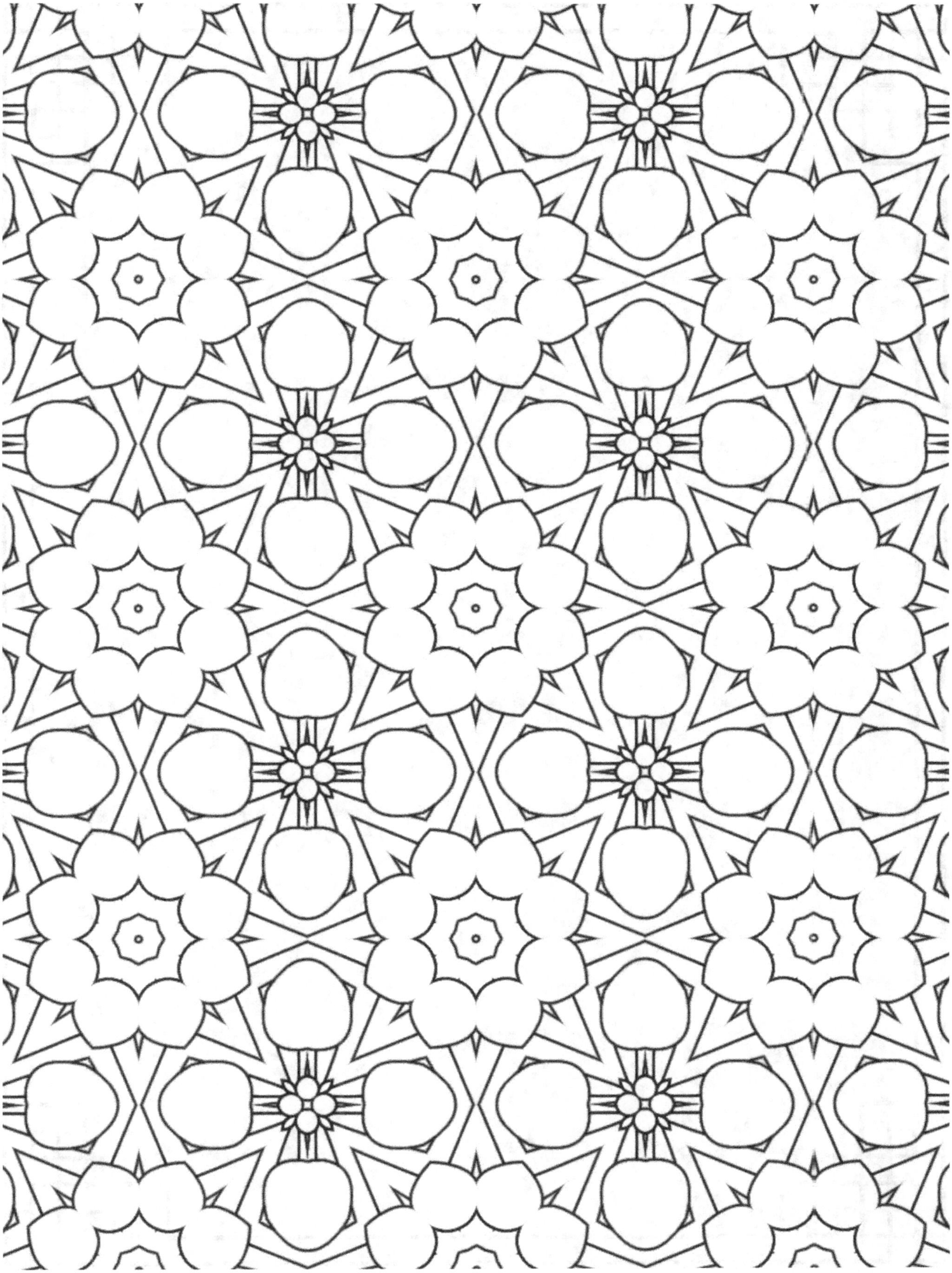

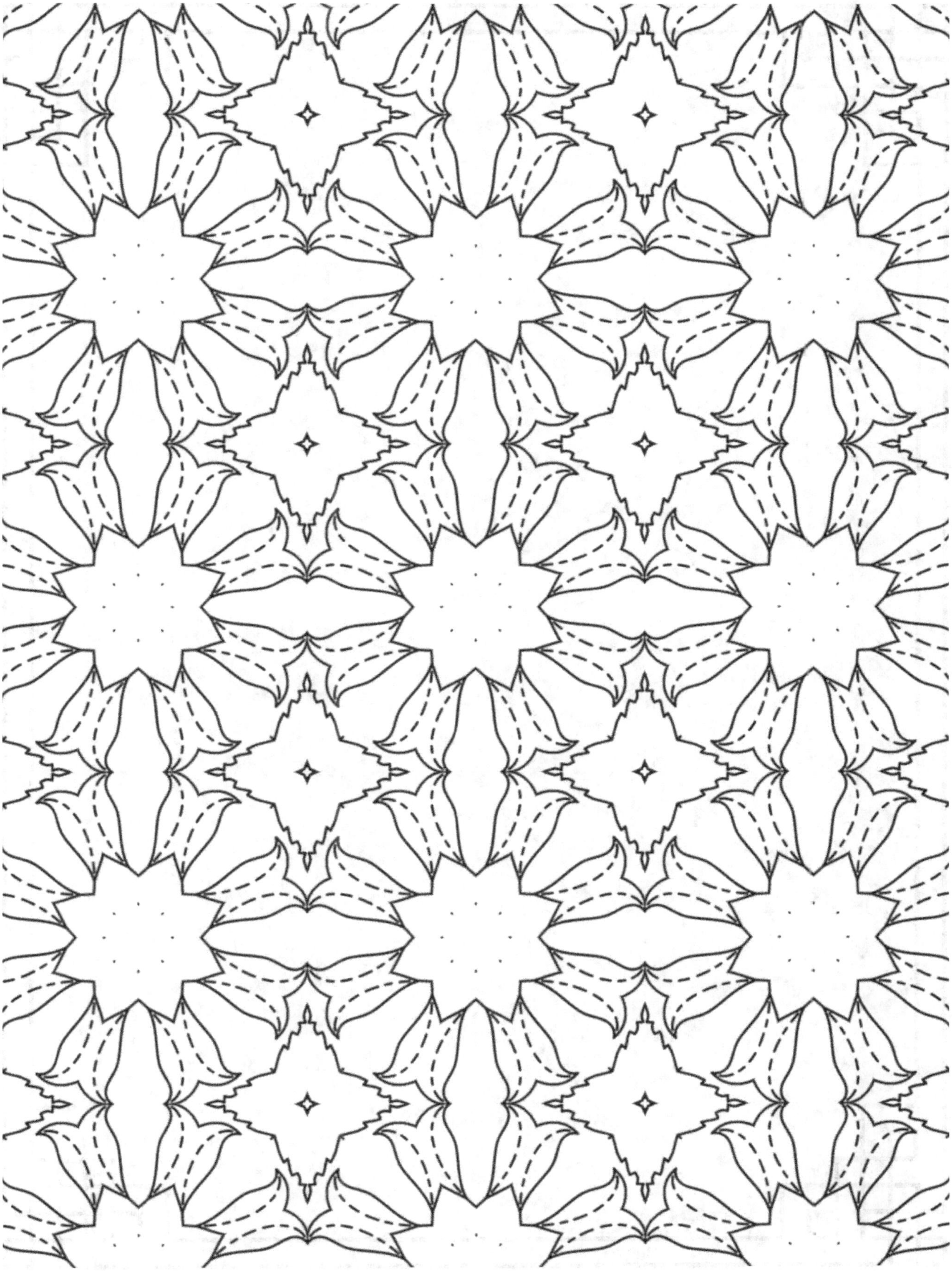

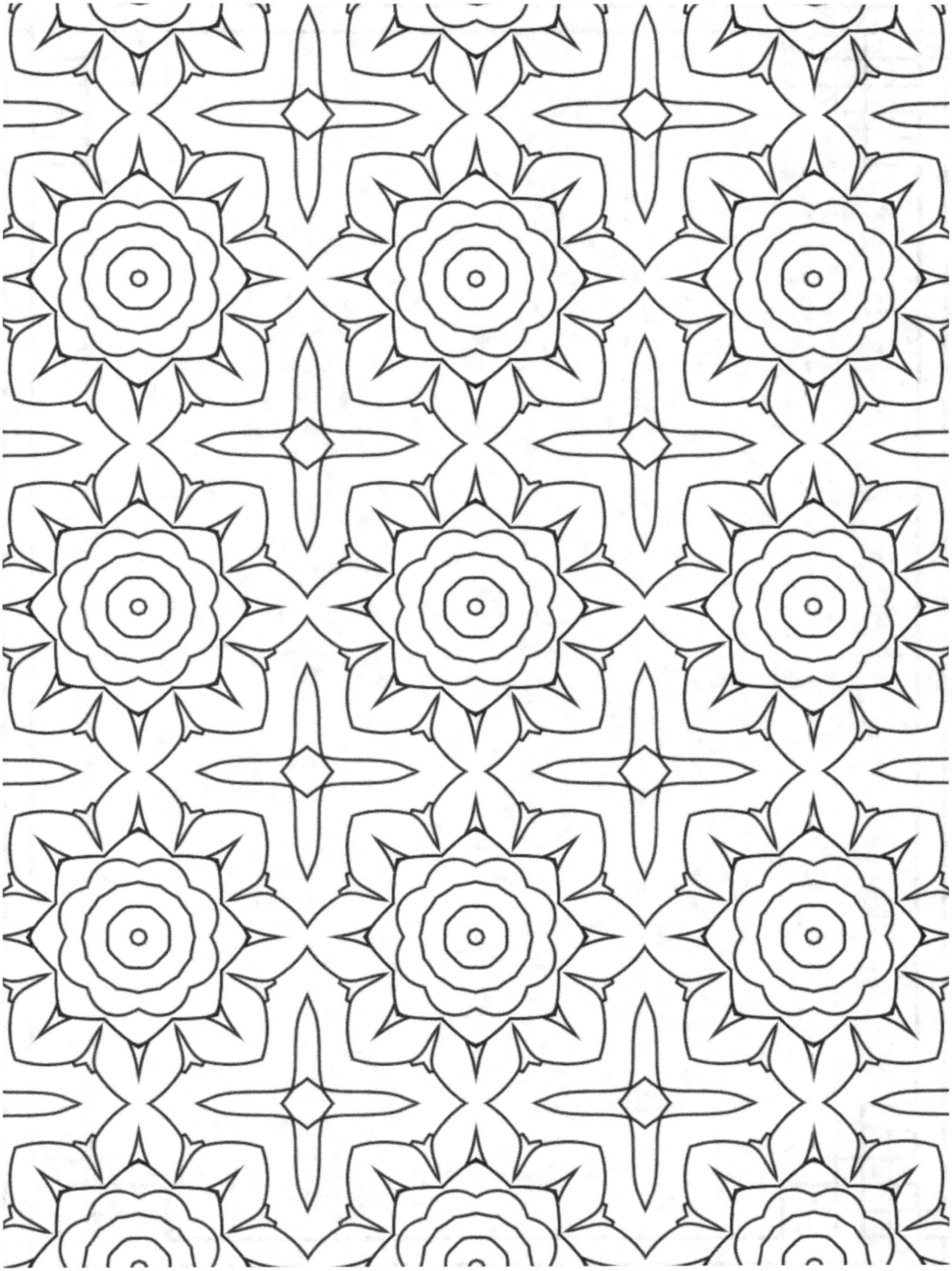

www.ingramcontent.com/pod-product-compliance
Lightning Source LLC
Chambersburg PA
CBHW080604220526
45466CB00010B/3247
* 9 7 9 8 5 6 3 7 2 2 5 7 6 *